JN412029

글로벌
스페인어

Español Global

스페인과 라틴아메리카를 넘나드는

글로벌 스페인어

| 한국외국어대학교 스페인어과 |

HU:iNE

이 책의 음원(mp3)은 한국외국어대학교 지식출판콘텐츠원 홈페이지(press.hufs.ac.kr)
-게시판-자료실에서 다운받아 사용하시기 바랍니다.

들어가면서

스페인어를 처음 접하는 학습자가 스페인과 라틴아메리카의 문화를 통해 스페인어를 더 쉽고 흥미롭게 배울 수 있도록 본 교재를 기획하였다. 그래서 알파벳과 발음을 설명해 주는 1과에서는 새로운 단어를 도입하기보다는 이미 널리 알려져 있어서 학습자들이 그 의미를 쉽게 유추할 수 있는 단어들로 구성을 하였다. 2과부터는 한국 대학생인 김만세가 스페인과 라틴아메리카를 다니면서 경험하는 상황들과 만나는 사람들을 중심으로 스토리텔링 기법으로 내용을 전개하였다. 현장감을 더하기 위하여 삽화와 사진 및 이미지를 풍부하게 실었다.

책의 구성은 1부과 2부로 나뉘어져 있다. 1부에서는 스페인으로 어학연수와 여행을 가는 상황을 배경으로 하고 있다. 2부에서는 라틴아메리카의 멕시코, 콜롬비아, 페루, 칠레, 아르헨티나로의 여행을 배경으로 하고 있다. 각 과의 구성은 3개의 <대화>, 문법과 유용한 표현을 설명해 주는 <이것만은 알아두자>, 각양각색의 문화를 다각적으로 설명해 주는 <문화도 배우고 가자>, 그리고 의사소통 중심의 스페인어를 응용 및 숙달해 볼 수 있는 <스페인어로 말해보자>로 되어 있다. 어휘와 문법 및 문장 구성에 대한 이해도를 점진적으로 늘여갈 수 있도록 난이도를 조정하였다.

집필진은 한국외국어대학교 서양어대학 스페인어과의 교수진으로, <대화>와 <스페인어로 말해 보자>는 멕시코 원어민 교수인 Adriana Martínez 교수가 집필하였고, 대화의

번역은 변선희 교수, 새로운 단어와 표현은 고슬기 교수, <이것만은 알아두자>는 김경희 교수, 그리고 <문화도 배우고 가자>는 최윤국 교수가 집필하였다. 온라인과 오프라인을 통해 수많은 집필 회의를 하며 서로의 영역에 대한 조언과 보완으로 좋은 교재를 만들기 위해 정성을 기울였다. 원고를 모으고 동사활용표를 만드는 작업은 일반대학원 스페인어문학과 석사과정생인 윤혜인 조교가 도와주었다.

책의 기획과 집필 단계에서 스페인과 라틴아메리카의 이채로운 문화 아이콘들과 자료들 덕분에 집필진 모두 상상 여행 속으로 빠져드는 즐거움을 느꼈다. 이 책으로 스페인어를 공부하는 모든 학습자들도 집필진처럼 김만세와 함께 하는 상상 여행 속에서 자연스럽고 생동감 넘치는 스페인어를 학습하기 바란다. 그리고 책을 다 학습한 후에는 스페인어 실력뿐만 아니라 스페인과 라틴아메리카에 대한 풍부한 지식으로 "만세"를 외칠 수 있기 바란다.

끝으로 책의 마지막 교정과 녹음을 도와준 Carlos Fernández 교수와 Daniel Barajas 교수, 예쁜 편집으로 책의 내용을 더욱 알차게 만들어 준 한국외국어대학교 지식출판원 관계자 여러분께 진심으로 감사드린다.

2015년 2월
집필진 일동

등장인물 소개

김만세(Kim Manse)

한국 서울 출신 대학생으로 스페인 마드리드에서 어학연수 과정에 등록하여 공부하고 스페인과 라틴아메리카를 여행하며 다양한 사람들과 친분을 쌓는 본 교재의 주인공이다.

하비에르(Javier)

스페인 마드리드 의과 대학생으로 만세가 묵게 되는 집의 아들이며, 만세와 같은 방에서 지내면서 스페인 생활에 여러 도움을 준다.

안또니오(Antonio)와 삘라르(Pilar)

하비에르의 아버지와 어머니로 만세에게 여러 가지 도움을 준다.

모니까(Mónica)와 호세(José)

하비에르의 누나와 남동생으로 하비에르와 함께 만세에게 스페인 문화를 알려준다.

다니엘(Daniel)

만세와 같이 어학연수 과정에서 공부하는 미국인 친구로 만세와 쇼핑도 하고 박물관도 간다.

까를로스(Carlos)

한국으로 교환학생을 와서 만세의 집에 머물렀던 멕시코 대학생으로 만세에게 멕시코의 유까딴 반도를 소개해준다.

페르난도(Fernando)

콜롬비아 대학생이자 만세의 친구로 만세에게 콜롬비아의 수도 보고타를 구경시켜주고 같이 페루와 칠레, 아르헨티나를 여행한다.

알리시아(Alicia)

페르난도의 친구로 아르헨티나 출신 탱고 강사이다. 까를로스와 페르난도에게 아르헨티나의 수도인 부에노스 아이레스의 주요 관광지를 소개시켜주고 탱고와 마떼차 등의 문화도 알려준다.

약어 설명

m.	남성명사
f.	여성명사
v.	동사
adj.	형용사
adv.	부사
pron.	대명사
prep.	전치사
Ø	삽입 요소 없음 표시

차례

PARTE I

차례

PARTE II

LECCIÓN 1

EL ALFABETO Y LA PRONUNCIACIÓN

알파벳과 발음

1. 알파벳

스페인어의 알파벳은 모음 5개와 자음 22개, 모두 27개이다.

대문자	소문자	명칭	발음 연습
A	a	a [아]	a [아]
B	b	be [베]	ba [바], be [베], bi [비], bo [보], bu [부]
C	c	ce [쎄]	ca [까], ce [쎄], ci [씨], co [꼬], cu [꾸]
D	d	de [데]	da [다], de [데], di [디], do [도], du [두]
E	e	e [에]	e [에]
F	f	efe [에페]	fa [파], fe [페], fi [피], fo [포], fu [푸]
G	g	ge [헤]	ga [가], ge [헤], gi [히], go [고], gu [구]
H	h	hache [아체]	ha [아], he [에], hi [이], ho [오], hu [우]
I	i	i [이]	i [이]
J	j	jota [호따]	ja [하], je [헤], ji [히], jo [호], ju [후]
K	k	ka [까]	ka [까], ke [께], ki [끼], ko [꼬], ku [꾸]
L	l	ele [엘레]	la [라], le [레], li [리], lo [로], lu [루], ela [엘라], ele [엘레], eli [엘리], elo [엘로], elu [엘루]
M	m	eme [에메]	ma [마], me [메], mi [미], mo [모], mu [무]
N	n	ene [에네]	na [나], ne [네], ni [니], no [노], nu [누]
Ñ	ñ	eñe [에녜]	ña [냐], ñe [녜], ñi [니], ño [뇨], ñu [뉴]
O	o	o [오]	o [오]

대문자	소문자	명칭	발음 연습
P	p	pe [뻬]	pa [빠], pe [뻬], pi [삐], po [뽀], pu [뿌]
Q	q	cu [꾸]	que [께], qui [끼]
R	r	ere / erre [에레]/[에ㄹ레]	era [에라], ere [에레], eri [에리], ero [에로], eru [에루], erra [에ㄹ라], erre [에ㄹ레], erri [에ㄹ리], erro [에ㄹ로], erru [에ㄹ루]
S	s	ese [에세]	sa [사], se [세], si [시], so [소], su [수]
T	t	te [떼]	ta [따], te [떼], ti [띠], to [또], tu [뚜]
U	u	u [우]	u [우]
V	v	uve [우베]	va [바], ve [베], vi [비], vo [보], vu [부]
W	w	uve doble [우베 도블레]	wa [와], we [웨], wi [위], wo [워], wu [우]
X	x	equis [에끼스]	exa [엑사], exe [엑세], exi [엑시], exo [엑소], exu [엑수]
Y	y	ye [예]	ya [야], ye [예], yi [이], yo [요], yu [유]
Z	z	zeta [쎄따]	za [싸], ze [쎄], zi [씨], zo [쏘], zu [쑤]

2. 모음

(1) A / a: [아]로 발음한다.

África, América Latina, Asia, casa, gracias

(2) E / e: [에]로 발음한다.

Europa, elefante, estudiante, centro, Ecuador

(3) I / i: [이]로 발음한다.

internacional, idea, imagen, inca, identidad

(4) O / o: [오]로 발음한다.

Océano, oficina, sol, olé, Copa Mundial

(5) U / u: [우]로 발음한다.

Uruguay, universidad, manual, autor, conclusión

3. 자음

(1) B / b: [ㅂ]로 발음한다.

Barcelona, base, Colombia, posible

(2) C / c: 모음이 a, o, u일 경우에는 [ㄲ]으로 발음하여 ca [까], co [꼬], cu [꾸]가 되고, 모음이 e, i일 경우에는 [ㅆ]으로 발음하여 ce [쎄], ci [씨]가 된다. [ㅆ] 발음은 스페인에서는 영어의 th[θ] 발음을 하며, 라틴아메리카에서는 강한 [s] 발음을 한다.

café, Corea, Cuba, Cervantes, acción

※ Ch / ch: Chile [칠레], China [치나]에서처럼 [ㅊ]로 발음한다.

(3) D / d: [ㄷ]로 발음한다. 그러나 단어의 맨 마지막에 오는 경우에는 앞 음절에 붙여 읽는다.

Dios, diálogo, doctor, Madrid, salud, sociedad

(4) F / f: 영어의 f [ㅍ]처럼 윗니로 아랫입술을 지그시 눌렀다가 터뜨리며 발음한다.

familia, forma, profesor, teléfono, California

(5) G / g: 모음이 a, o, u일 경우에는 [ㄱ]로 발음하여 ga [가], go [고], gu [구]가 되고, 모음이 e, i일 경우에는 [ㅎ]로 발음하여 ge [헤], gi [히]가 된다. [ㅎ] 발음은 우리말에서보다 더 깊이 목 안쪽에서 발음한다. [게]는 gue로, [기]는 gui로 쓰며, [구에]는 güe로, [구이]는 güi로 쓴다.

gas, amigo, Guatemala, Argentina, original, guerrilla, guitarra, vergüenza, pingüino

(6) H / h: 묵음으로 전혀 발음하지 않는다.

Honduras, hola, hotel, humor, hospital, alcohol

(7) J / j: [ㅎ]로 발음하며, 우리말에서보다 더 깊이 목 안쪽에서 발음한다.

justicia, Jesús, jamón, Don Juan, objeto

(8) K / k: [ㄲ]로 발음하며, 순수 스페인어에는 사용되지 않고 외래어에만 사용된다.
kilómetro, kilogramo, kiwi, karaoke

(9) L / l: [ㄹ]로 발음한다. 모음과 모음 사이에 나타날 경우에는 받침과 첫머리에 공히 [ㄹ]발음을 한다.
loco, control, popular, social, El Salvador
※ Ll / ll: Sevilla [세비야], paella [빠에야]와 같이 반모음으로 발음한다.

(10) M / m: [ㅁ]으로 발음한다.
mamá, música, amor, animal

(11) N / n: [ㄴ]으로 발음하는데, c, g, j, q 앞에 쓰이면 발음이 동화되어 [ㅇ] 발음이 난다.
Navidad, conversación, tango, flamenco

(12) Ñ / ñ: ña [냐], ñe [녜], ñi [니], ño [뇨], ñu [뉴]처럼 [ㄴ]에 반모음을 덧붙여 발음한다.
España, español, El Niño, La Niña, Año Nuevo

(13) P / p: [ㅃ]로 발음한다.
pasaporte, papel, piano, Perú, Panamá

(14) Q / q: que [께]와 qui [끼]로만 쓰인다.
qué, quizá, tequila, Don Quijote

(15) R / r: 영어의 r [ㄹ] 발음보다 혀의 구부림이 적다. 단어의 첫머리에 나올 경우나 -rr-로 쓰일 경우에는 진동음인 [ㄹㄹ]로 발음한다.
rival, romántico, arte, color, arroz, caro/carro, pero/perro

(16) S / s: [ㅅ]을 발음할 때 혀끝을 앞으로 좀 더 내밀어 [ㅆ]에 가깝게 발음한다.
sí/si, salsa, Seúl, San Francisco, uso

(17) T / t: [ㄸ]으로 발음한다.
tenis, título, perfecto, tomate, tonto

(18) V / v: b와 동일하게 [ㅂ]로 발음한다.

vitamina, Venezuela, Bolivia, invitación

(19) W / w: 순수 스페인어에는 사용되지 않고 외래어에만 사용한다.

Washington [와싱똔], whisky [위스끼], won [원], web [웹]

(20) X / x: 첫 음절에서는 [ㅅ]으로 발음하지만, 중간 음절에서는 exa [엑사], exe [엑세], exi [엑시], exo [엑소], exu [엑수]에서처럼 앞음절에 [ㄱ] 받침을 붙여 주고 뒤 음절은 [ㅅ]으로 시작한다.

xilófono, examen, taxi, boxeo

※ México [메히꼬]와 Texas [테하스]처럼 원주민어에서 유래한 명칭인 경우 [ㅎ] 발음이 나기도 한다.

(21) Y / y: 반모음으로 발음한다.

yo, maya, yate, yoga, Paraguay

(22) Z / z: ce [쎄], ci [씨]에서처럼 [ㅆ]으로 발음하는데, 스페인에서는 영어의 th[θ] 발음을 하며, 라틴아메리카에서는 강한 [s] 발음을 한다.

zona, zoo, azúcar, azteca, plaza

4. 음절분해

(1) 음절의 중심은 항상 모음이다.

a. 단모음(a, e, i, o, u)은 독립 음절을 구성할 수 있다.

África ⇒ Á - fri - ca

b. a와 e, o는 입을 많이 열고 발음하는 열린 모음이고 i와 u는 입을 상대적으로 많이 닫고 발음하는 닫힌 모음이다. 열린 모음 + 닫힌 모음(ai, au, ei, eu, oi, ou), 닫힌 모음 + 열린 모음(ia, ua, ie, ue, io, uo), 닫힌 모음 + 닫힌 모음(ui, iu)은 모두 이중모음으로 모음이 하나인 것으로 본다.

Europa ⇒ Eu - ro - pa

(2) 모음과 모음 사이에 자음이 하나인 경우에 그 자음은 뒤의 모음과 한 음절을 이룬다.

Cuba ⇒ Cu - ba

(3) 모음과 모음 사이에 자음이 둘인 경우에는 앞의 자음은 앞모음에, 뒤의 자음은 뒤 모음에 붙여서 음절을 분해한다.

Cervantes ⇒ Cer - van - tes

(4) 열린모음과 열린모음은 각각 독립음절을 이룬다.

Corea ⇒ Co - re - a

(5) bl, cl, fl, gl, pl, br, cr, dr, fr, gr, pr, tr은 이중자음으로 자음이 하나인 것으로 본다.

Flamenco ⇒ Fla - men - co

(6) 자음 세 개가 연속해서 나올 경우 중간 자음인 -s-는 앞 음절에 붙인다.

Instituto ⇒ ins - ti - tu - to

5. 강세

(1) n, s 외 다른 자음으로 끝나는 단어는 마지막 음절에 강세가 있다.

Madrid ⇒ Ma - drid, Ecuador ⇒ E - cua - dor, hotel ⇒ ho - tel

(2) n, s나 모음으로 끝나는 단어는 끝에서 두 번째 음절에 강세가 있다.

Cervantes ⇒ Cer - van - tes, Corea ⇒ Co - re - a, fa - mi - lia

(3) 닫힌 모음과 닫힌 모음으로 된 연속체는 뒤쪽 모음에 강세가 놓인다.

huida ⇒ hui - da, viuda ⇒ viu - da

(4) 위의 규칙에 어긋나거나 끝에서 삼음절 이상에 강세가 있는 경우에는 반드시 강세부호 표기를 해야 한다.

ca - fé, ma - má, diá - lo - go, can - ción, ca - tó - li - co, nú - me - ro, te - lé - fo - no

(5) 이중모음의 닫힌 모음이 강세를 받아 강모음화 되는 경우 독립음절을 이루지만, 강세표시가 되어 있기 때문에 강세의 위치를 알기 위해 음절분해를 할 필요가 없다.

día, vía, tío

(6) 강세 부호가 강세 음절을 표시하기 위해서 쓰이는 것이 아니라, 강세부호를 가진 단어와 없는 단어를 구분하기 위하여 쓰이는 경우도 있다.

Te quiero. 너를 사랑해.
Quiero té. 나는 차를 원해.

6. 연습문제

강세 위치를 생각하면서 정확하게 읽어 보세요.

LA CUCARACHA(라 꾸까라차)

Una cosa me da risa:	나를 웃음짓게 하는 것이 하나 있네요.
Pancho Villa sin camisa;	셔츠를 입지 않은 빤초 비야예요.
ya se van los carrancistas	까란사를 지지하는 사람들이 이제 떠나네요.
porque vienen los villistas.	비야를 지지하는 사람들이 오기 때문이지요.
La cucaracha, la cucaracha,	라 꾸까라차, 라 꾸까라차
ya no puede caminar;	이제 더 이상 걸을 수가 없네요.
porque no tiene, porque le falta	없기도 하고 부족하기도 하네요
un tabaco que fumar.	피울 담배가...

20세기 최초의 혁명으로 일컬어지는 멕시코 혁명 당시, 농민 주축의 혁명군들이 식량도 물자도 없는 척박한 상황에서 싸울 수밖에 없었던 자신들의 비참한 현실과 질긴 생명력을 바퀴벌레에 비유한 혁명 민요다. 농민 지도자 비야와 부르주아 혁명군의 주도자인 까란사 간의 적과 동지로서의 미묘한 상황을 묘사하고 있다.

memorándum

LECCIÓN 2

CON LA FAMILIA DE ALOJAMIENTO

숙소의 가족과 함께

A. PRESENTARSE 소개하기

(PRESENTACIÓN DE LOS PERSONAJES)
(등장인물 소개)

¡Hola! Soy Kim Manse.
안녕! 나는 김만세야.

Soy de Seúl, Corea.
나는 한국, 서울 출신이야.

Vocabulario

alojamiento m. 숙소, 하숙집
presentación f. 소개
personaje m. 인물, 등장인물
soy v. ser(-이다)의 직설법 현재 1인칭 단수

Soy estudiante de español en Madrid.
나는 마드리드에서 스페인어를 배우는 학생이야.

¡Hola!, ¿qué tal?
안녕! 어떻게 지내?

Yo soy Javier Sánchez Díaz.
나는 하비에르 산체스 디아스야.

Soy español, de Madrid.
나는 스페인사람이고 마드리드 출신이야.

Soy estudiante de Medicina en la universidad.
나는 대학교에서 의학을 공부하는 학생이야.

Vocabulario

estudiante m.f. 학생(남,녀 동형)
español m. 스페인 사람(남자), adj. 스페인의
Madrid 마드리드 (스페인의 수도)
qué (의문대명사, 의문형용사) 무엇, 어떤
tal adv. 그런, 그렇게
medicina f. 약, 의학
universidad f. 대학교

B. LOS SÁNCHEZ DÍAZ 산체스 씨 가족

(DING DONG)

Javier: ¡Hola!, Kim Manse, ¿cómo estás?
하비에르: 안녕! 김만세, 잘 지내니?

Manse: ¡Hola! ¡Muy bien!
만세: 안녕! 잘 지내!

Javier: ¡Bienvenido a Madrid! Yo soy Javier.
하비에르: 마드리드에 온 것을 환영해. 나는 하비에르야.

Manse: Gracias, Javier. ¡Mucho gusto!
만세: 고마워, 하비에르. 만나서 반갑다!

Javier: Entra, entra. Mira, te presento a mi familia... Ella es Mónica, mi hermana mayor.
하비에르: 들어와, 어서. 자 봐, 너에게 내 가족을 소개할게... 이 사람은 모니까야. 우리 누나지.

Manse: Hola, Mónica. ¡Mucho gusto!
만세: 안녕, 모니까. 반가워!

Mónica: ¡Igualmente!
모니까: 나도 반가워!

Javier: Ella es mi madre, Pilar Díaz, y él es mi padre, Antonio Sánchez.
하비에르: 이 분은 우리 어머니 삘라르 디아스고 이 분은 우리 아버지 안또니오 산체스야.

Manse: Buenos días, señora Díaz y señor Sánchez. ¡Encantado!
만세: 안녕하세요? 디아스 부인, 산체스 씨. 반갑습니다!

Pilar: ¡Encantada!
삘라르부인: 반가워.

Antonio: ¡Es un placer!
안또니오 씨: 만나서 기쁘다!

José: ¿Y yo?
호세: 그럼 난?

(RISAS)
(웃음)

Javier: ¡Claro! Él es mi hermano menor, José.
하비에르: 맞아! 얘는 내 동생 호세야.

José: ¡Bienvenido a España y a casa!
호세: 스페인과 우리 집에 온 것을 환영해!

Vocabulario

cómo (의문부사) 어떻게
estás v. estar(있다)의 직설법 현재 2인칭 단수
muy adv. 매우
bien adv. 잘
bienvenido/a adj. 환영받은
yo (인칭대명사) 나
gracia f. 은총, 은혜
mucho/a adj. 많은
gusto m. 기쁨
entra v. entrar(들어가다)의 명령형 2인칭 단수
mira v. mirar(쳐다보다)의 명령형 2인칭 단수
te (간접목적격대명사) 너에게
presento v. presentar(소개하다)의 직설법 현재 1인칭 단수
mi (소유형용사) 나의, 내
familia f. 가족
ella (인칭대명사) 그녀
hermana f. 여자 형제(언니, 누나, 여동생)
mayor adj. 연상의, 나이가 더 많은 (hermana mayor 언니, 누나)
igualmente adv. 같이, 동등하게
madre f. 어머니
él (인칭대명사) 그
padre m. 아버지
bueno/a adj. 좋은, 착한
día m. 날, 낮
señora f. - 부인
señor m. –님, -씨
encantado/a adj. 매혹된
placer m. 기쁨, 즐거움
risa f. 웃음
claro adj. 명확한, 환한
hermano m. 남자 형제
menor adj. 연하의, 나이가 적은 (hermano menor 남동생)
casa f. 집

C. ¡OS PRESENTO A MI FAMILIA! 너희들에게 내 가족을 소개할게!

(En el salón)
(거실에서)

Javier: Manse, ¿cómo es tu familia?
하비에르: 만세, 네 가족은 어떠니?

Manse: Mmm, un momento...
Esta es una foto de mis familiares.
만세: 음, 잠깐만... 이것이 우리 가족 사진이야.

Mónica: ¡Cuántos familiares!
모니까: 대가족이네!

Manse: Sí. Ellos son mis abuelos, los padres de mi madre.
만세: 그래. 이분들은 우리 조부모님들이셔.
우리 어머니의 부모님이지.

José: ¡Ah! Son tus abuelos maternos.
호세: 아! 너의 외조부모님들이시구나.

Manse: Sí, sí.
만세: 맞아.

Vocabulario

- **salón** m. 거실
- **momento** m. 잠깐, 순간
- **esta** (지시대명사) 이것
- **foto** f. 사진 (fotografía)
- **familiar** adj. 가족의, 친밀한, m. 가족구성원
- **cuánto** (의문형용사) 얼마나 많은
- **sí** adv. 네, 예
- **abuelos** 조부모님들 (abuelo m. 할아버지, abuela f. 할머니)
- **materno/a** adj. 어머니 쪽의, 모계의
- **padres** 부모님들

Mónica: ¿Y él? ¿Quién es él?
모니까: 그럼 이 사람은? 누구야?

Manse: Él es mi hermano y esta es su mujer.
만세: 이 사람은 우리 형이고 이 분은 형의 부인이야.

José: ¡Ah! Es tu cuñada.
호세: 아! 너의 형수구나.

Manse: ¡Sí! Y ellas son las hijas de mi hermano.
만세: 그래. 그리고 얘들은 우리 형의 딸들이야.

José: Son tus sobrinas.
호세: 너의 조카들이구나.

Javier: ¡Sí!
하비에르: 그렇지!

Antonio: ¿Y ellos? ¿Quiénes son?
¿Son tus padres?
안또니오 씨: 그러면 이분들은? 누구니? 너의 부모님이니?

Manse: Sí, sí. Son mis padres.
만세: 네. 이분들은 저의 부모님이셔요.

Vocabulario

y 그리고

quién (의문대명사) 누구

mujer f. 여자, 아내

cuñado/a m.f. 형제, 자매의 배우자 혹은 배우자의 형제 자매

hijo/a m.f. 아들, 딸

sobrino/a m.f. 조카

 이것만은 알아두자!

1. 주격 인칭대명사

<table>
<tr><th>인칭</th><th colspan="2">단 수</th><th colspan="3">복 수</th></tr>
<tr><td>1인칭</td><td>나는</td><td>Yo</td><td colspan="2">우리는</td><td>Nosotros / Nosotras</td></tr>
<tr><td rowspan="2">2인칭</td><td rowspan="2">너는</td><td rowspan="2">Tú</td><td rowspan="2">너희들은</td><td>스페인</td><td>Vosotros / Vosotras</td></tr>
<tr><td>라틴아메리카</td><td>Ustedes (Uds.)</td></tr>
<tr><td>3인칭</td><td>그는
그녀는
당신은</td><td>Él
Ella
Usted (Ud.)</td><td colspan="2">그들은
그녀들은
당신들은</td><td>Ellos
Ellas
Ustedes (Uds.)</td></tr>
</table>

(1) Usted과 ustedes는 의미적으로는 2인칭이지만, 문법적으로는 3인칭과 같은 동사 활용형을 취해서 3인칭이라고 한다.

(2) Tú는 친구 사이나 부모, 자식 사이 등 친밀한 사이에 쓰이고 usted은 서로 친밀하지 않거나 공식적인 자리에서 존칭으로 사용된다.

(3) Tú의 복수형인 vosotros는 스페인에서만 사용되고 라틴아메리카에서는 ustedes를 사용한다.

(4) Nosotros와 vosotros는 남자만 있거나 남자와 여자가 섞여있는 경우에 쓰고, 여자들만 있는 경우에는 nosotras와 vosotras를 쓴다.

2. Ser 동사

단 수		복 수	
Yo	**soy**	Nosotros/as	**somos**
Tú	**eres**	Vosotros/as	**sois**
Él, Ella, Ud.	**es**	Ellos, Ellas, Uds.	**son**

(1) 주어가 사람인 경우 이름이나 직업, 신분, 국적을 나타낸다.

Soy Manse. 나는 만세입니다.

Soy estudiante. 나는 학생입니다.

Soy coreano. 나는 한국사람입니다.

Ellos son mis padres. 그분들은 제 부모님입니다.

(2) A ser B. 'A는 B이다'라는 의미로 광범위하게 쓰인다.

Esta es mi casa. 이것이 내 집입니다.

Madrid es la capital de España. 마드리드는 스페인의 수도이다.

(3) Ser de 지역. 사람인 경우 '~출신이다', 사물인 경우 '~산이다'라는 의미로 쓰인다.

Soy de Seúl. 나는 서울 출신이다.

El coche es de Corea. 그 자동차는 한국산이다.

3. 인사표현

(1) ¡Hola! '안녕!'

(2) Bienvenido. '환영합니다'의 의미로 환영 받는 사람의 성과 수에 맞춰 쓴다.

Bienvenido a Madrid. (남자 한 명) 마드리드에 온 것을 환영합니다.

Bienvenidas a mi casa. (여자 여러 명) 우리 집에 온 것을 환영합니다.

(3) Mucho gusto. '반갑습니다'

= ¡Es un placer!

= ¡Encantado(-a)! 말하는 사람의 성과 수에 맞춰 쓴다.

(4) 하루 인사

좋은 아침입니다!	좋은 오후입니다!	좋은 저녁입니다!
A: ¡Buenos días! B: ¡Buenos días!	A: ¡Buenas tardes! B: ¡Buenas tardes!	A: ¡Buenas noches! B: ¡Buenas noches!

(5) 안부 인사

A: ¿Cómo estás? / ¿Qué tal? 어떻게 지내니?

B: Muy bien, gracias. ¿Y tú? 아주 잘 지내. 고마워. 너는?

A: Yo también, gracias. 나도, 고마워.

A: ¿Cómo está usted? 어떻게 지내시나요?

B: Muy bien, gracias. ¿Y usted? 아주 잘 지냅니다. 고맙습니다. 당신은요?

A: Yo también, gracias. 저도요, 고맙습니다.

(6) 작별 인사

¡Adiós! 잘 가!

¡Hasta luego! 나중에 봐요!

¡Nos vemos! 우리 또 봐요!

¡Hasta la vista! 다음에 또 봐요!

4. 친족 관계 표현

abuelo 할아버지; abuela 할머니; abuelos 조부모님

padre 아버지; madre 어머니; padres 부모님

hijo 아들; hija 딸; hijos 자식들

hermano 남동생, 형, 오빠; hermana 여동생, 누나, 언니; hermanos 형제, 남매; hermanas 자매

tío 삼촌, 작은아버지, 큰아버지, 외삼촌; tía 숙모, 고모, 이모; tíos 삼촌과 숙모, 고모와 고모부, 이모와 이모부

primo 사촌; prima 여사촌; primos 사촌들

sobrino 조카; sobrina 여조카; sobrinos 조카들

nieto 손자; nieta 손녀; nietos 손주들

esposo/marido 남편; esposa/mujer 아내; matrimonio 부부

suegro 시아버지, 장인어른; suegra 시어머니, 장모님; suegros 시부모님, 장인장모

cuñado 처남, 매형, 매부, 매제, 아주버니, 시동생; cuñada 시누이, 올케, 처형, 처제, 제수

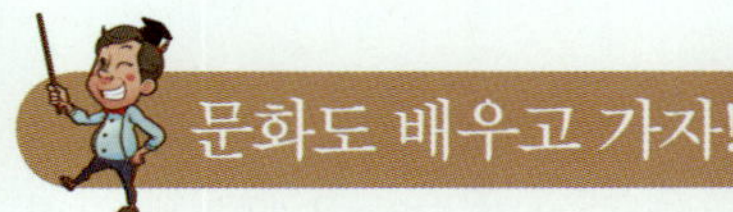

성과 이름에 얽힌 이야기

스페인 사람들의 성을 가만히 들여다 보면 그들 가문의 역사를 다소나마 이해할 수 있다. 성을 이해하고 이름을 성과 구별하는 것이 좋은 친구를 만드는 첫 걸음이다. 스페인에서 역사적으로 가장 사랑받았던 이름은 José와 María였지만, 시대에 따라 선호하는 이름이 바뀌고 있다. 최근에는 Daniel과 Ana등이 선호된다. 통상적으로 명함 등을 보면 크게 셋으로 구분되는데 첫 번째는 이름, 두 번째는 아버지 성, 세 번째에는 어머니 성이 나온다. 따라서 성을 부를 경우 두 번째를 사용해야 하는 데 혹 국가마다, 지역마다 차이가 있을 수 있으니 확인하는 것이 좋다.

부친의 성에서 비롯된 성(Apellidos patronímicos)

Estévez와 같이 "-ez" 또는 "-oz"로 끝나는 경우 'hijo de(~의 아들)' 또는 'descendiente de(~ 후손)'이라는 의미를 지닌다. 예로 Estévez는 'el hijo de Esteban'이 된다. 주로 까스띠야 지방을 중심으로 나타난다.

지역 정체성을 중시하는 성(Apellidos toponímicos)

자신들의 선조들이 오랜 기간 한 장소에 살았거나 대토지를 소유하고 있었던 특정 지역에서 나타난다. 지역 소속감을 나타내기 위해 "de", "del", "de la" 등을 쓰거나 혹은 단순하게 가문을 나타내기도 한다. 예로 Arroyo(개천), Ribera(연안), De la Vega(옥토), Molina(제분소) 등을 사용한다.

직업과 관련있는 성(Apellidos de oficios)

집안의 과거 또는 현재 직업을 성으로 사용한다. 예로 Cantero(석공), Carnicero(도축업자), Guerrero(전사) 또는 Labrador(농민) 등이 있다.

인물 특성을 묘사하는 성(Apellidos descriptivos)

만일 누군가의 성이 Alegre(기쁜), Blanco(흰색), Moreno(갈색)라면 그들의 선조는 아마도 늘 주변 사람들을 유쾌하게 해주거나, 피부색 또는 머리카락 색이 하얗거나 갈색을 지녔다고 볼 수 있다. 이 같이 많은 성들이 신체적인 특징 또는 별명에서 비롯된다.

이 밖에도 스페인어화된 외래성(Apellidos castellanizados)

스페인이 아닌 다른 국가 또는 민족에서 비롯된 성들이 있다. 이러한 성은 본래 성을 유지하거나 스페인어로 발음하기 쉽도록 변모되고 있다. 오래 전 이베로 및 셀트 족, 그리스인, 로마인, 수에비족, 반달족, 서고트족, 유대인, 무슬림인 등은 스페인 땅에 문화뿐만 아니라 성에도 영향을 끼쳤다. 포르투갈 계통의 성은 Machado, Silva, Duarte 등이며, 이태리 계통은 Ferrari, Pellegrini, Vernacci 등이 있다. 또 네덜란드 계통으로는 외교분야에 큰 영향을 끼친 Westendorp, 까디스 지방의 토호세력인 Pemán, 교회와 사법부에 세력을 떨친 Gante, 양탄자, 군대 및 외교 부분에 큰 업적을 남긴 Van der Gotten 및 Stuick 등이 있다. 스페인으로 종교적 박해를 피해 이주해 온 가문인 스코틀랜드의 Kirpatrick은 외교, 정치 및 거상으로 큰 영향을 남겼다. Black은 영국의 명문가이다. 일부 가톨릭 그룹이 아일랜드에서 넘어 왔는데 이들은 후작 칭호를 지닌 Crooke와 Kindelán과 직위가 높은 가문 출신으로 Lynch, Madan, Meade, Ferry, O′Brian, O′Connor, O′Donnell, O′Donojú, O′Farrill, O′Lawlor, O′Neill, O′Reilly 및 Power 등이 있다. 오스트리아 가문으로는 Preysler가 있으며, 독일 계통으로는 Bécquer, Klett, Weyler (공작 출신 가문), 폴란드 계통으로는 Schneider, 벨기에 계통으로는 Klecker 등이 있다. 프랑스 계통으로는 Carandolet, Albret, Bethencourt(까나리아 섬에 다수 정주), Boix, Archimbaud, Boyer, Cabarrús, Domecq, Joly(까디스 지역의 유력 언론인), Lamanié de Clairal, Michels de Champourcin 등이 있다.

이제는 외국인한테서 명함을 건네 받으면 유심히 살펴보자. 수많은 인맥이 형성될 때 그들의 가문을 이해하고 존중해 준다면 그 비즈니스에서 여러분의 성공은 보장된 것이다.

스페인어로 말해보자!

1. PRESENTACIONES

Presentación individual:

a) Saludo (*Hola, ¿qué tal? / Buenos días/tardes, etc.*)
b) Nombre (*Me llamo... / Soy...*)
c) Apellido (*Me apellido... / Mi apellido es...*)
d) Nacionalidad y origen (*Soy coreano/a, de Busán*.)

2. TU FAMILIA

Presenta a tu familia:

a) Los miembros (puede pedírsele una foto al alumno con el fin de que pueda hacer uso de los demostrativos: *este es mi padre, esta es mi madre, estos son mis hermanos, etc*., o de los pronombres personales: *él es... / ellos son*..., etc.).
b) Su profesión (*Mi padre es*..., *mi madre es*..., etc.).

LECCIÓN 3

MOSTRAR LA CASA Y EL DORMITORIO

집과 방 보여주기

A. LA CASA DE LOS SÁNCHEZ DÍAZ 산체스 디아스 씨네 집

Manse: ¡Qué grande!
만세: 굉장히 크네요!

Mónica: Sí, esta casa tiene un salón-comedor, una cocina, cuatro dormitorios, dos baños y un jardín.
모니까: 그래. 이 집은 거실 겸 식당 하나, 부엌 하나, 네 개의 방, 두 개의 화장실 그리고 정원이 있어.

Pilar: El salón-comedor es para visitas,

Vocabulario

- mostrar v. 보여주다
- dormitorio m. 침실, 방
- grande adj. 큰, 거대한
- tiene v. tener(소유하다)의 직설법 현재 3인칭 단수
- salón-comedor m. 거실 겸 식당
- cocina f. 주방
- cuatro m. adj. 4, 네 개의
- dos m. adj. 2, 두 개의

reuniones familiares y fiestas.
뻴라르 부인: 거실 겸 식당은 방문객, 가족 모임과 파티를 위한 것이야.

Manse: Tenéis un jardín muy bonito.
만세: 정원이 매우 예쁘네요.

Mónica: Sí, el jardín es para las barbacoas.
모니까: 그래, 정원은 바비큐를 위한 곳이야.

Pilar: Esta es la cocina. ¿Tienes hambre?
뻴라르 부인: 여기는 부엌이야. 너 배고프니?

Manse: No, ahora no tengo hambre. ¿Y esa puerta?
만세: 아니요, 지금 배고프지 않아요. 그 문은요?

Pilar: ¡Ah!, es la puerta del cuarto de baño.
뻴라르 부인: 아! 그건 욕실문이란다.

baño m. 화장실, 욕실
jardín m. 정원
para prep. –을 위한
visita f. 방문, 견학, 방문객
reunión f. 모임
fiesta f. 파티, 축제
bonito/a adj. 예쁜
barbacoa f. 바비큐
hambre f. 배고픔, 허기
ahora adv. 지금
puerta f. 문
cuarto m. (작은) 방

B. EN LA SEGUNDA PLANTA 이층에서

Mónica: Esta es la segunda planta.
모니까: 여기가 이층이야.

Pilar: Estos son los dormitorios.
삘라르 부인: 이것들은 방이야.

Mónica: Este es mi dormitorio.
모니까: 이건 내 방이야.

Manse: ¿Y ese?
만세: 그것은?

Mónica: Ese es el dormitorio de José.
모니까: 그것은 호세의 방이지.

Pilar: Al fondo del pasillo tenemos otro baño.
삘라르 부인: 복도 끝에 화장실이 또 하나 있어.

Mónica: ¿Tienes sueño?
모니까: 너 졸리니?

Manse: Sí, mucho.
만세: 응, 많이.

Pilar: Claro, después de un viaje tan largo.
삘라르 부인: 그렇지, 그토록 긴 여행을 한 뒤라.

Mónica: Pues este es tu dormitorio y el de Javier.
모니까: 여기가 너와 하비에르의 방이지.

Manse: Muy bien, un compañero de cuarto.
만세: 정말 좋다. 방을 같이 쓰는 동료네.

Vocabulario

- segundo/a adj. 2번째의
- planta f. 층
- fondo m. 밑바닥, 가장 깊숙한 곳 (al fondo de -의 제일 끝에)
- pasillo m. 복도
- otro/a adj. 다른, pron. 다른 것
- sueño m. 졸림, 잠, 꿈
- después de -다음에, 이후에
- viaje m. 여행
- tan adv. 그렇게, 그토록
- largo adj. 긴
- pues (접속사) 그러면, 그래서
- compañero/a m.f. 동료

C. EL DORMITORIO 방

Mónica: ¿Qué te parece el dormitorio?
모니까: 방이 어떠니?

Manse: Es muy amplio.
만세: 매우 크네.

Pilar: Tu cama es esta, la de la derecha, y la de Javier es la de la izquierda.
삘라르 부인: 너의 침대는 이거, 오른쪽 거고 하비에르의 침대는 왼쪽 거란다.

Mónica: Aquí tenéis todo para estudiar español: un escritorio, una lámpara, dos sillas y una estantería.
모니까: 여기 스페인어를 공부하기 위한 게 다 있어. 책상, 스탠드, 의자 두 개와 책장.

Pilar: ¿Tienes ordenador portátil?
삘라르 부인: 노트북 있니?

Manse: Sí.
만세: 네.

Pilar: Aquí, en el armario, tienes lugar para tu ropa.

Vocabulario

- **parece** v. parecer(-에게 보이다)의 직설법 현재 3인칭 단수
- **amplio** adj. 넓은
- **cama** f. 침대
- **derecha** f. 오른쪽, 오른편
- **izquierda** f. 왼쪽, 왼편
- **aquí** adv. 여기
- **todo/a** adj. 모든, pron. 모든 것
- **estudiar** v. 공부하다
- **escritorio** m. 책상
- **lámpara** f. 전등, 스탠드
- **silla** f. 의자
- **estantería** f. 책장
- **ordenador** m. 컴퓨터
- **portátil** adj. 휴대용의, ordenador portátil m. 노트북 컴퓨터
- **armario** m. 옷장
- **lugar** m. 장소

뻴라르 부인: 여기, 옷장에 네 옷을 넣을 장소가 있어.

Manse: Sí, señora Pilar, es suficiente espacio.
만세: 네, 뻴라르 부인, 충분한 공간이네요.

Mónica: También tenéis un balcón con una mesa y dos sillas.
모니까: 그리고 탁자 하나와 의자 두 개가 있는 발코니가 있어.

Manse: La cama es muy cómoda. Muchas gracias, sois una familia muy amable.
만세: 침대가 매우 편하네요. 정말 고맙습니다. 정말 친절한 가족이시네요.

Pilar y Mónica: ¡De nada!
뻴라르 부인과 모니까: 천만에!

Vocabulario

- ropa f. 옷
- suficiente adj. 충분한
- espacio m. 공간
- también adv. 역시, 또한
- balcón m. 발코니
- mesa f. 탁자
- cómodo/a adj. 편안한
- amable adj. 상냥한, 친절한
- nada f. 무, 없음

이것만은 알아두자!

1. 관사

	남성 단수	남성 복수	여성 단수	여성 복수
정관사	**el** dormitorio 그 방	**los** dormitorios 그 방들	**la** casa 그 집	**las** casas 그 집들
부정관사	**un** dormitorio 어떤 방	(**unos**) dormitorios (몇몇) 방들	**una** casa 어떤 집	(**unas**) casas (몇몇) 집들

(1) 정관사는 수식하는 명사의 지칭 대상이 아는 대상임을 나타낸다.

La cama es muy cómoda. 침대는 아주 편안하다.

(2) 동일 명사의 반복을 피하기 위해 명사가 정관사만 홀로 남기고 생략될 수 있다.

Tu cama es la de **la** derecha. 네 침대는 오른쪽 거야.

(3) 스페인어에서 축약은 a + el ⇒ al과 de + el ⇒ del 뿐이다.

Al fondo del pasillo tenemos otro baño. 복도 끝에 다른 욕실이 있어.

Es la puerta **del** dormitorio. 침실 문이야.

(4) 부정관사는 수사 uno '하나' 에서 나온 것으로 주로 가산 명사 앞에서 '어떤'이라는 의미로 문맥상 처음 도입하는 대상을 지칭할 때 쓴다.

Esta casa tiene **un** jardín. 이 집은 정원을 하나 가지고 있다.

(5) 복수형 가산명사는 부정관사 없이 쓰이는 경우가 많으며, 부정관사를 쓸 경우 '몇몇의', '두세 개의', '대략'이라는 강조적 의미를 띤다.

El jardín tiene **unas** flores. 정원은 몇몇 꽃들을 가지고 있다.

2. 지시사

(1) 지시형용사는 뒤에 나오는 명사와 성수 일치시킨다.

		이	그	저
남성	단수	**este** dormitorio 이 방	**ese** dormitorio 그 방	**aquel** dormitorio 저 방
	복수	**estos** dormitorios 이 방들	**esos** dormitorios 그 방들	**aquellos** dormitorios 저 방들
여성	단수	**esta** casa 이 집	**esa** casa 그 집	**aquella** casa 저 집
	복수	**estas** casas 이 집들	**esas** casas 그 집들	**aquellas** casas 저 집들

(2) 지시대명사는 지칭하는 명사와 성수일치하며, 지칭 대상의 성수가 모호할 경우나 앞서 언급한 내용 전체를 받을 경우 중성형을 쓴다.

		이것(들), 이 사람(들)	그것(들), 그 사람(들)	저것(들), 저 사람(들)
남성	단수	**este** 이것, 이 사람	**ese** 그것, 그 사람	**aquel** 저것, 저 사람
	복수	**estos** 이것들, 이 사람들	**esos** 그것들, 그 사람들	**aquellos** 저것들, 저 사람들
여성	단수	**esta** 이것, 이 여자	**esa** 그것, 그 여자	**aquella** 저것, 저 여자
	복수	**estas** 이것들, 이 여자들	**esas** 그것들, 그 여자들	**aquellas** 저것들, 저 여자들
중성		**esto** 이것	**eso** 그것	**aquello** 저것

A: Este es mi dormitorio. 이건 내 방이야.

B: Es muy bonito. 아주 예쁘구나.

A: ¿Qué es esto? 이것은 무엇이니?

B: Es una lámpara. 스탠드야.

3. tener 동사

단수		복수	
Yo	**tengo**	Nosotrcs(-as)	**tenemos**
Tú	**tienes**	Vosotros(-as)	**tenéis**
Él, Ella, Ud.	**tiene**	Ellos, Ellas, Uds.	**tienen**

(1) 소유를 나타낼 때 '가지고 있다'의 의미로 쓰인다.

Tengo un ordenador. 나는 컴퓨터를 가지고 있어.

La casa tiene cuatro dormitorios. 그 집은 방을 네 개 가지고 있다.

(2) tener que + 동사원형: '~해야만 한다'

Tengo que estudiar. 나는 공부해야 해.

(3) Tengo sueño. 나는 졸리다.

tener frío 춥다

tener calor 덥다

tener sed 목마르다

tener hambre 배가 고프다

4. 집과 관련된 어휘

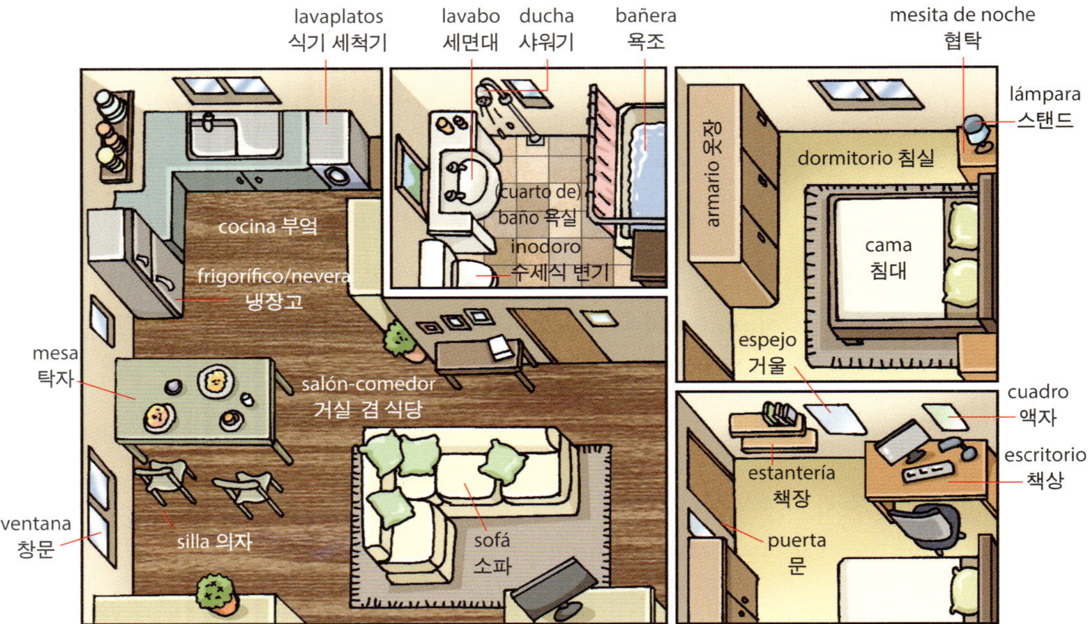
lavaplatos
식기 세척기
lavabo
세면대
ducha
샤워기
bañera
욕조
mesita de noche
협탁
lámpara
스탠드
armario 옷장
dormitorio 침실
cama
침대
(cuarto de)
baño 욕실
inodoro
수세식 변기
cocina 부엌
frigorífico/nevera
냉장고
mesa
탁자
salón-comedor
거실 겸 식당
espejo
거울
cuadro
액자
escritorio
책상
estantería
책장
puerta
문
ventana
창문
silla 의자
sofá
소파

스페인 민족성

스페인 사람들은 라틴 민족으로 구성되어 있어 통상 유머가 있고 자유를 존중하는 친절한 국민이라 할 수 있다. 세대 간의 소통이 잘 이루어지기 때문에 가족 간의 화목함이 참 보기 좋다. 외국인들한테 격의없이 대해주기 때문에 그들과 쉽게 어울릴 수 있다. 예전에는 마초(macho)라고 해서 남성들이 가정에서 우월한 권위를 지니고 있었지만 최근 여성의 지위가 상승되면서 동등한 입장이 되고 있다. 가족과 친척 그리고 친구들 간의 우애가 돈독하고 집안 대소사에 구성원 모두가 합심해서 참여한다. 현지에서 지인의 가족 또는 친구들과 안면을 익히게 되면 인사 할 때 꼭 볼 키스(dos besos)를 나누도록 한다.

스페인 생활관습

스페인 국민들의 특이한 생활 관습 중 하나는 저녁 식사 시간이 오후 9시 ~ 10시라는 점이다. 이는 스페인이 전통적인 농업국가로 발달하였기에 해가 길어서 밤늦게 식사하는 관습이 만들어 졌기 때문이라고 한다. 점심은 2시에 주로 먹는데 직장에서 집으로 돌아가 가족과 함께 나누기도 한다.

스페인의 식사 시간, 낮잠(siesta) 등의 관습은 유럽인들 외에도 세계와 소통의 시간이 맞지 않아 종종 비판의 대상이 되곤 한다. 스페인 역시 이러한 생활 패턴을 개혁해 보려고 했지만 국민들의 정서에 반하는 정책이라 정치적으로 어려움이 있었다. 그러나 2008년 이후 불어 닥친 글로벌 금융위기가 스페인과 유럽을 강타하면서 경제위기가 지속되자 점차 고유의 느긋한 생활 패턴이 사라지고 있다.

스페인 건물 층수 개념

스페인어의 층은 planta 또는 piso라고 한다. 2층 단독주택의 경우에는 la primera planta 1층과 la segunda planta 2층으로 지칭하기도 하지만, 큰 건물이나 아파트의 경우에는 로비층이나 경비층인 1층을 la planta baja라고 지칭하고, 그다음부터 수를 붙여 la primera planta 2층, la segunda planta 3층이라고 지칭하는 경우가 많다. 엘리베이터의 PB는 planta baja의 약자이다.

스페인어로 말해보자!

TU CASA/PISO

Descripción de tu casa/piso:

a) Habitaciones
Mi casa tiene dos dormitorios, una cocina, (no) tiene jardín, etc.
b) ¿Cómo es? (*Mi casa es grande/pequeña, es muy fría, mi habitación es cómoda,* etc.).
c) ¿Qué es esto? (*Es una cama, es una estantería, es una lámpara,* etc.).

memorándum

LECCIÓN 4

EN LA ESCUELA

학교에서

A. LA MATRÍCULA 등록

Manse: Señorita, buenos días. Necesito información para la matrícula en el curso de español.
만세: 안녕하세요. 스페인어 과정 등록을 위한 정보가 필요한데요.

Secretaria: ¡Claro! ¡Es muy fácil! Necesitas dos fotografías, tu pasaporte, escribir tus datos en este formulario y pagar en el banco. También necesitas hacer

Vocabulario

- escuela f. 학교
- matrícula f. 등록
- señorita f. –씨(젊은 여성 호칭), 아가씨
- necesitas v. necesitar(필요로 하다)의 직설법 현재 2인칭 단수
- información f. 정보
- curso m. 과정
- secretaria f. 비서, 직원

una entrevista para saber tu nivel.

직원: 물론이죠! 매우 쉬워요! 사진 두 장과 여권이 필요하고 이 신청서에 정보를 기입하고 은행에 지불하면 되요. 또 수준을 알기 위해 인터뷰를 해야 합니다.

Manse: Bien, aquí tengo las fotos y mi pasaporte. Solo necesito pagar en el banco. ¿A qué hora abre el banco?

만세: 네, 여기 사진과 제 여권이 있어요. 은행에 지불만 하면 됩니다. 은행은 몇 시에 열죠?

Secretaria: A las nueve en punto.

직원: 아홉 시 정각에요.

Manse: ¿Qué hora es?

만세: 몇 시인가요?

Secretaria: Son las nueve y cincuenta.

직원: 9시 50분이요.

Manse: Entonces, pago en el banco y regreso.

만세: 그럼 은행에 지불하고 돌아올게요.

Secretaria: Sí, estos son los datos del banco, el número de cuenta es 1073-408-2569.

직원: 네, 여기 은행 정보가 있어요. 계좌번호는 1073-408-2569입니다.

Manse: ¡Gracias!

만세: 감사합니다!

Vocabulario

fácil adj. 쉬운
pasaporte m. 여권
escribir v. 쓰다
formulario m. 양식, 용지
pagar v. 지불하다, 내다
banco m. 은행
hacer v. 하다, 행하다
entrevista f. 인터뷰
saber v. 알다
nivel m. 수준, 정도
abre v. abrir(열다)의 직설법 현재 3인칭 단수
hora f. 시간
nueve m. adj. 9, 아홉 개의
punto m. 점, 지점, 점수, en punto adv. 정확히
cincuenta m. adj. 50(의)
regreso v. regresar(돌아오다)의 직설법 현재 1인칭 단수
dato m. 데이터, 자료
número m. 수, 숫자
cuenta f. 통장, 계좌

B. EL HORARIO DE CLASE 수업시간표

Manse: Señorita, aquí tiene el pago.
만세: 여기 납부 증명서가 있습니다.

Secretaria: Bien, ahora rellenamos el formulario, ¿cuál es tu nombre y tu apellido?
직원: 좋아요, 이제 신청서에 기입을 하지요. 이름과 성이 뭐죠?

Manse: Mi nombre es Manse y mi apellido, Kim.
만세: 내 이름은 만세고 성은 김입니다.

Secretaria: ¿Cuántos años tienes?
직원: 몇 살인가요?

Manse: Tengo veintidós años.
만세: 22살입니다.

Secretaria: ¿Cuál es tu dirección y número de móvil?
직원: 주소와 전화번호가 뭐죠?

Manse: Vivo en la calle Vicente Blasco, número 37. Mi número de móvil es 663-401-686. ¿Cuál es el horario de las clases?

Vocabulario

- horario m. 시간표
- clase f. 수업, 교실
- pago m. 지불, 납부 증명서
- rellenamos v. rellenar(채우다)의 직설법 현재 1인칭 복수
- nombre m. 이름
- apellido m. 성(姓)
- año m. 년, 해, 나이
- veintidós m. adj. 22, 스물 둘의
- dirección f. 방향, 주소
- móvil m. 휴대전화(teléfono móvil)
- calle m. 거리, 도로

만세: 비센떼 블라스꼬로 37번지입니다. 전화번호는 663-401-686 입니다. 수업 시간표가 어떻게 되죠?

Secretaria: De lunes a viernes, de nueve de la mañana a una de la tarde. A las nueve es la clase auditiva, y a las diez, la clase de conversación. Hay un descanso de once a once y veinte. La clase de escritura y lectura es de once y veinte a una.

직원: 수업은 월요일부터 금요일까지 오전 9시부터 오후 1시까지입니다. 9시에는 듣기 수업이 있고 10시에는 회화 수업이 있어요. 쉬는 시간은 11시부터 11시 20분까지입니다. 쓰기와 읽기 수업은 11시 20분부터 1시까지입니다.

Manse: Una pregunta más, ¿aquí venden los libros del curso?

만세: 한 가지 질문 더요. 여기서 교과서를 파나요?

Secretaria: Sí, aquí vendemos los libros del curso, tenemos de todos los niveles.

직원: 네, 여기서 교과서를 팝니다. 수준별 책이 다 있어요.

Vocabulario

lunes m. 월요일
viernes m. 금요일
mañana f. 아침, 오전, adj. 내일
tarde f. 오후
auditivo/a adj. 청각의, 청취의
diez m. adj. 10, 열 개의
conversación f. 대화, 회화
descanso m. 휴식
once m. adj. 11, 열 한 개의, 열 번째의
veinte m. adj. 20, 20개의, 20번째의
escritura f. 쓰기, 글자
lectura f. 읽기, 독서
pregunta f. 질문
venden v. vender(팔다)의 직설법 현재 3인칭 복수

C. EL PRIMER DÍA DE CLASES 수업 첫날

Daniel: ¡Hola! Soy Daniel Smith. ¿Cómo te llamas?
다니엘: 안녕! 나는 다니엘 스미스야. 네 이름은 뭐니?

Manse: ¡Hola! Soy Kim Manse.
만세: 안녕! 나는 김만세야.

Daniel: ¿De dónde eres?
다니엘: 어디 출신이니?

Manse: Soy de Corea.
만세: 나는 한국사람이야.

Daniel: ¡Ah! Un compañero de clase coreano. ¡Qué bien!
다니엘: 아! 한국인 수업친구로구나. 잘 됐네!

Manse: ¿Y tú?
만세: 너는?

Daniel: Soy estadounidense. ¿Cómo es tu país?
다니엘: 나는 미국인이야. 너희 나라는 어때?

Manse: Corea es una península en el este de

Vocabulario

- primero/a adj. 첫 번째의, 최초의
- dónde (의문부사) 어디에, 어느 곳
- estadounidense m.f. 미국인 (Estados Unidos: 미국)
- país m. 나라, 국가
- península f. 반도
- este m. 동쪽

Asia. Tenemos las cuatro estaciones del año: la primavera, el verano, el otoño y el invierno. Yo soy de Seúl, la capital, una ciudad grande y moderna. Mi país tiene mucha historia y cultura.

만세: 한국은 동아시아에 있는 반도야. 우리는 4계절이 있어. 봄, 여름, 가을 그리고 겨울, 나는 수도이자 매우 크고 현대적인 도시인 서울 출신이야. 우리나라는 많은 역사와 문화를 갖고 있어.

Daniel: ¡Qué interesante!

다니엘: 정말 흥미롭구나!

Profesora: ¡Buenos días, muchachos!

교수: 안녕, 여러분!

Daniel y Manse: ¡Buenos días, profesora!

다니엘과 만세: 안녕하세요, 교수님!

Vocabulario

estación f. 계절, 역
primavera f. 봄
verano m. 여름
otoño m. 가을
invierno m. 겨울
capital f. 수도
ciudad f. 도시
moderno/a adj. 현대적인
historia f. 역사, 이야기
cultura f. 문화
interesante adj. 흥미로운
profesora f. 여교수님, 여선생님

 이것만은 알아두자!

1. 동사의 직설법 현재시제 규칙 활용형

인칭과 수	-ar		-er		-ir	
	활용어미	hablar 말하다	활용 어미	comer 먹다	활용 어미	vivir 살다
Yo	**-o**	habl**o**	**-o**	com**o**	**-o**	viv**o**
Tú	**-as**	habl**as**	**-es**	com**es**	**-es**	viv**es**
Él, Ella, Ud.	**-a**	habl**a**	**-e**	com**e**	**-e**	viv**e**
Nosotros(-as)	**-amos**	habl**amos**	**-emos**	com**emos**	**-imos**	viv**imos**
Vosotros(-as)	**-áis**	habl**áis**	**-éis**	com**éis**	**-ís**	viv**ís**
Ellos, Ellas, Uds.	**-an**	habl**an**	**-en**	com**en**	**-en**	viv**en**
동일 유형의 동사들	llamar 부르다 llenar 채우다 necesitar 필요하다 pagar 지불하다 regresar 돌아오다		leer 읽다 vender 팔다		abrir 열다 escribir 쓰다	

(1) 스페인어 동사의 기본형은 –ar, -er, -ir이다.

(2) 현재 발생 또는 진행되고 있거나 반복되는 동작을 나타낸다.

Necesito información para la matrícula. 나는 수강 등록 정보가 필요합니다.

Aquí venden los libros del curso. 여기서 교재를 팝니다.

(3) 일반적 진리를 나타낸다.

Dos más uno son tres. 2 더하기 1은 3이다.

2. 1에서 100까지의 수

0	**cero**	10	**diez**	20	veinte	30	treinta
1	**uno**	11	**once**	21	veintiuno	31	treinta y uno
2	**dos**	12	**doce**	22	veintidós	32	treinta y dos
3	**tres**	13	**trece**	23	veintitrés	40	cuarenta
4	**cuatro**	14	**catorce**	24	veinticuatro	50	cincuenta
5	**cinco**	15	**quince**	25	veinticinco	60	sesenta
6	**seis**	16	dieciséis	26	veintiséis	70	setenta
7	**siete**	17	diecisiete	27	veintisiete	80	ochenta
8	**ocho**	18	dieciocho	28	veintiocho	90	noventa
9	**nueve**	19	diecinueve	29	veintinueve	100	cien

(1) 1에서 15까지는 독립적인 형태를 쓴다.

(2) 16 이상의 두 자리 수는 십 단위와 단 단위를 접속사 y로 연결시키며, 특별히 16에서 29까지는 연음해서 한 단어로 쓴다. dieciséis, veintidós, veintitrés, veintiséis는 강세음절이 단 단위 숫자에서 유지되도록 강세표시를 한다.

(3) uno는 남성명사 앞에서 -o가 탈락되며 십 단위와 함께 쓰여도 마찬가지이다. veintiuno의 경우 '-o'가 탈락되면 원래의 강세를 유지하기 위해 'veintiún'으로 강세부호를 첨가한다.

un curso 한 강좌
una clase 한 수업, 한 강의실
veintiún libros 21권의 책
veintiuna fotos 21장의 사진
treinta y un días 삼십 일 일
treinta y una noches 서른 한 밤

(4) 100을 나타내는 cien(to)는 홀로 쓰이거나 명사 앞에 쓰일 때 혹은 자신보다 더 큰 숫자 앞에 쓰일 때는 cien으로 쓴다. 하지만 뒤에 자신보다 작은 수가 덧붙여지는 경우 ciento를 쓰고 성수 변화도 없다.

cien días 백일
cien preguntas 100가지 질문
cien mil wones 10만원
ciento un libros 101권의 책

3. 시간 표현

(1) ser동사와 정관사의 여성형을 숫자와 함께 써서 시간을 표현하는데, 1시만 단수이고 다른 시간들은 복수로 쓴다.

¿Qué hora es? 몇 시니?

= ¿Qué hora tiene?

= ¿Tienes hora?

Es la una. 한 시야.

Son las dos. 두 시야.

Son las nueve en punto. 9시 정각이야.

(2) 시간과 분은 접속사 y로 연결하고, 15분은 cuarto, 30분은 media라고 한다. '~분 전이다'라는 표현은 스페인에서는 menos로 표현하고 라틴아메리카에서는 faltar ~ para ~ 표현을 선호한다.

Son las cinco y diez. 5시 10분이야.

Son las ocho y cuarto. 8시 15분이야.

Son las once y media. 11시 30분이야.

Son las diez de la mañana. 오전 10시야.

Son las cuatro de la tarde. 오후 4시야.

Son las nueve menos veinte. 9시 20분 전이야.

= Faltan veinte para las nueve.

(3) '~시에'라는 표현에는 전치사 a를 쓴다.

A: ¿A qué hora abre el banco? 은행은 몇 시에 열죠?

B: A las nueve. 9시에.

(4) '~부터 ~까지'는 de ~ a ~로 표현한다.

Mi horario es de nueve a cinco. 내 시간표는 9시부터 5시까지다.

4. 계절과 달력

(1) 계절명

봄 la primavera, 여름 el verano, 가을 el otoño, 겨울 el invierno

(2) 월명

1월 enero, 2월 febrero, 3월 marzo, 4월 abril, 5월 mayo, 6월 junio, 7월 julio, 8월 agosto, 9월 septiembre, 10월 octubre, 11월 noviembre, 12월 diciembre

(3) 요일명

월요일 el lunes, 화요일 el martes, 수요일 el miércoles, 목오일 el jueves, 금요일 el viernes, 토요일 el sábado, 일요일 el domingo

문화도 배우고 가자!

스페인의 교육제도

스페인의 교육제도는 대학 입학까지 단계를 보면 6-4-2제를 운용하고 있다. 즉 초등교육 6년(Educación Primaria)과 중등교육 4년(Educación Secundaria Obligatoria)을 합친 10년은 의무교육이다. 이후 고등교육 2년(Bachillerato)을 마치면 내신과 대학 진학시험(selectividad)을 거쳐 성적 순으로 좋은 대학 학부에 진학할 수 있다. 고등과정은 일반계와 상공계, 예술계 등으로 구분되며, 대학은 전공에 따라 4~5년제로 운영된다.

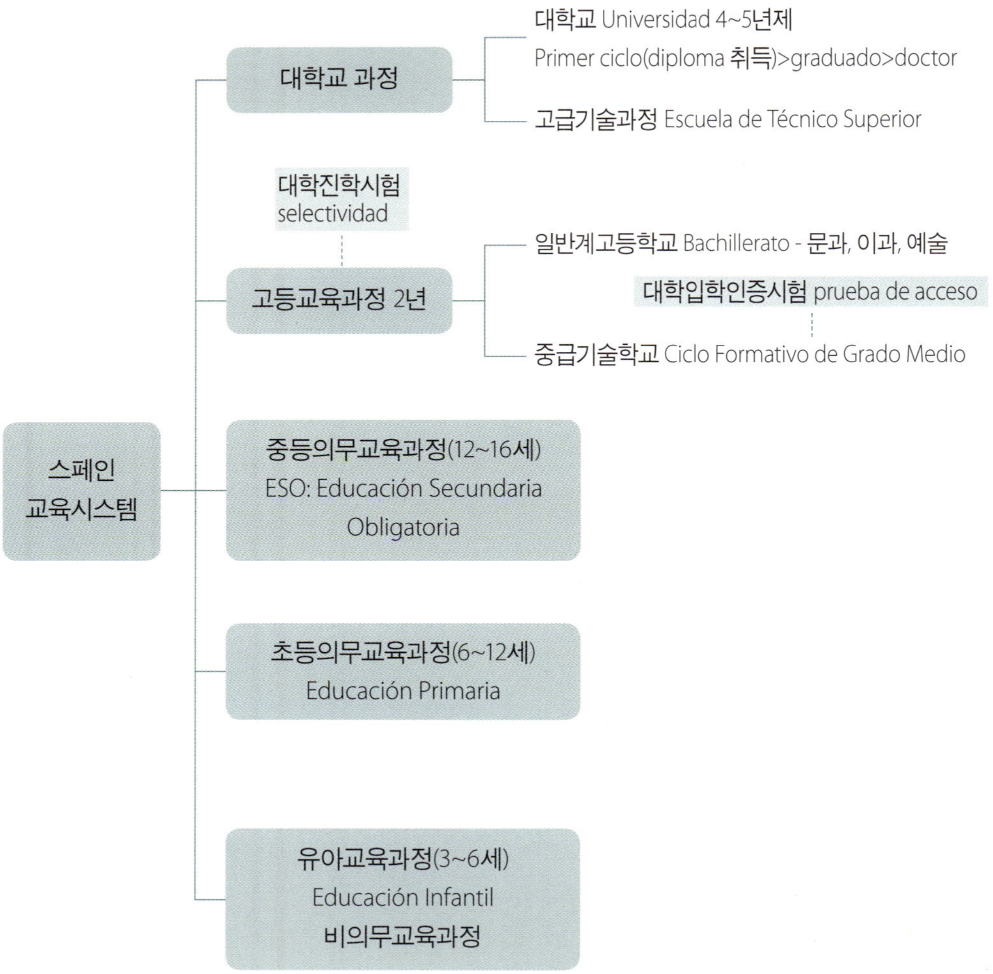

- 스페인 교육시스템
  - 대학교 과정
    - 대학교 Universidad 4~5년제
      Primer ciclo(diploma 취득)>graduado>doctor
    - 고급기술과정 Escuela de Técnico Superior
  - 대학진학시험 selectividad
  - 고등교육과정 2년
    - 일반계고등학교 Bachillerato - 문과, 이과, 예술
    - 대학입학인증시험 prueba de acceso
    - 중급기술학교 Ciclo Formativo de Grado Medio
  - 중등의무교육과정(12~16세) ESO: Educación Secundaria Obligatoria
  - 초등의무교육과정(6~12세) Educación Primaria
  - 유아교육과정(3~6세) Educación Infantil 비의무교육과정

한편, 스페인은 유럽연합(EU)회원국으로 각종 교환학생 제도가 잘 정립되어 있다. 예로 회원국 간의 학생 교류에 국한되는 에라스무스(Erasmus) 프로그램과 비회원국의 학생 유치 프로그램인 에라스무스 문두스(Erasmus Mundus)가 대표적으로 운용되고 있다.

스페인어 시험

스페인어는 스페인 정부가 주관하는 델레(DELE, Diploma de Español como Lengua Extranjera) 어학 시험이 있어 자격증을 취득하면 전 세계에서 인정받을 수 있다. 델레(DELE)는 A1, A2, B1, B2, C1, C2로 구분되며 C2가 최고 수준이다. 한편 국내에서 광범위하게 인정해 주는 플렉스(FLEX, Foreign Language Examination) 인증 시험도 있는데, 대한상공회의소와 한국외국어대학교가 공동 주관하는 것으로 연 4회 전국 주요 도시에서 응시 가능하다.

스페인어로 말해보자!

1. TUS COMPAÑEROS DE CLASE (CONVERSACIÓN)

Pregunta a tu compañero/a:

a) Nombre / apellido / origen (*¿Cómo te llamas/apellidas? ¿De dónde eres?*).
b) Edad / número de teléfono (*¿Cuántos años tienes? ¿Cuál es tu número de teléfono?*).

2. TUS HORARIOS DE CLASE

Comenta con tu compañero/a:

Tu horario de clases (*Yo tengo clases de lunes a viernes; mi clase de español es de 9:00 a 11:00,* etc.)

memorándum

LECCIÓN 5

DE COMPRAS

쇼핑

A. IR DE COMPRAS 쇼핑가기

Manse: Chicos, mi amigo Daniel y yo queremos ir de compras mañana, ¿alguna recomendación?

만세: 얘들아, 내 친구 다니엘과 나는 내일 쇼핑을 가려고 해. 추천해 줄 곳 있니?

Javier: Sí, hay un centro comercial que tiene de todo: hay zapaterías, tiendas de ropa, restaurantes, cafeterías, librerías y un

Vocabulario

- ir de compras 쇼핑을 가다.
- chico/a m.f. 어린이, 소년, 소녀
- amigo/a m.f. 친구
- queremos v. querer(원하다)의 직설법 현재 1인칭 복수
- ir v. 가다
- compra f. 구입, 쇼핑
- alguno/a adj. 어떤, 어느 (명사 앞에서 o 탈락: algún)

cine. Está en una zona muy céntrica.
하비에르: 그럼, 모든 것이 있는 쇼핑센터가 있어. 신발가게, 옷가게, 식당, 커피숍, 서점 그리고 영화관도 있어. 시내 중심지에 있지.

Manse: ¿Dónde está?
만세: 어디에 있니?

Javier: Es muy fácil, el centro comercial está en el Paseo de la Florida, fuera de la estación de metro Príncipe Pío.
하비에르: 매우 쉬워. 쇼핑센터는 빠세오 델 라 플로리다에 있어, 쁘린시뻬 삐오 지하철역 밖이지.

Mónica: Sí, y cerca del centro comercial está el mercado de San Miguel. Es un lugar típico con una gran variedad de tapas deliciosas.
모니까: 그리고 쇼핑센터 근처에 산 미겔 시장이 있어. 맛있는 따빠스가 매우 다양하게 있는 전통적인 장소지.

Manse: Gracias por las recomendaciones.
만세: 추천해 주어서 고마워.

Javier: De nada.
하비에르: 천만에.

Vocabulario

recomendación f. 추천
hay v. haber(존재하다)의 직설법 현재 불규칙형
centro m. 중심, 센터, 시내
comercial adj. 상업의, centro comercial m. 쇼핑센터
zapatería f. 구둣방, 양화점
tienda f. 상점, 천막
restaurante m. 레스토랑
cafetería f. 카페테리아
librería f. 서점
cine m. 영화관
zona f. 지역
céntrico/a adj. 중심의, 중앙에 있는
fuera adv. –의 밖에
metro m. 지하철, 지하철역
típico adj. 전통적인, 전형적인
mercado m. 시장
cerca adv. 가까이에
variedad f. 다양성, 풍부함
tapa f. 따빠(빵 위에 다양한 재료를 올린 가벼운 먹거리), 뚜껑

B. EN EL CENTRO COMERCIAL 쇼핑센터에서

Dependienta: Buenas tardes. ¿Qué desean?
점원: 안녕하세요, 무엇을 원하세요?

Manse: Buenas tardes, señorita. Busco una camisa de manga corta.
만세: 안녕하세요? 반팔 와이셔츠 한 벌을 원해요.

Dependienta: Sí, tenemos de algodón, poliéster...
점원: 네, 면, 폴리에스터로 된 것이 있어요...

Manse: De algodón.
만세: 면으로 된 거요.

Dependienta: Aquí están las de cuadros, de rayas y también hay camisas lisas.
점원: 여기에 체크무늬, 줄무늬 그리고 민무늬 셔츠들이 있어요.

Manse: ¿Tiene otros colores?
만세: 다른 색도 있나요?

Dependienta: Sí, hay azul, rojo, negro, gris...
점원: 네, 파란색, 빨간색, 검은색, 회색이 있어요...

Vocabulario

- dependienta f. 점원(여성)
- desean v. desear(원하다) 의 직설법 현재 3인칭 복수
- camisa f. 와이셔츠
- manga f. 소매
- corto/a adj. 짧은
- algodón m. 면
- poliéster m. 폴리에스터
- cuadro m. 정사각형, 체크무늬
- raya f. 선, 줄
- liso/a adj. 평평한, 무늬가 없는
- color m. 색깔
- azul adj. 파란, m. 파랑색
- rojo adj. 빨간, m. 빨간색
- negro adj. 검은, m. 검은색
- gris adj. 회색의, m. 회색

Manse: Esa, la roja lisa.
만세: 그거, 빨간 민무늬요.

Dependienta: ¿De qué talla?
점원: 사이즈는 얼마예요?

Manse: 42, por favor.
만세: 42요.

Dependienta: Aquí tiene.
점원: 여기 있어요.

Manse: ¿Dónde está el probador?
만세: 옷 입어보는 곳이 어디죠?

Dependienta: Allí, al fondo.
점원: 저기, 끝에요.

talla f. 치수
por favor 실례합니다만..., 부탁합니다 (영어의 please 와 같은 표현)
probador m. 옷 입어보는 곳, 피팅룸
allí adv. 저기, 저기에

C. LA COMPRA 구입

Manse: ¿Y bien?
만세: 괜찮니?

Daniel: Luces muy bien.
다니엘: 아주 잘 어울리는구나.

Manse: ¿Qué precio tiene?
만세: 얼마죠?

Dependienta: 35 euros pero tiene un descuento del 15%.
점원: 35유로이지만 15% 할인이 있어요.

Manse: Me la llevo.
만세: 그것을 살게요.

Dependienta: ¿Paga con tarjeta o en efectivo?
점원: 카드로 지불하시나요? 아니면 현금인가요?

Manse: En efectivo, aquí tiene.
만세: 현금으로요. 여기 있어요.

Dependienta: Aquí está su cambio. ¿Desean algo más? Tenemos pantalones en rebaja.
점원: 여기 거스름돈 있어요. 더 필요한 것 있나요? 할인하는 바지가 있어요.

Manse: No, gracias.
만세: 아니요, 괜찮아요.

Daniel: ¿Dónde está la zapatería?
다니엘: 신발가게는 어디에 있습니까?

Dependienta: En el tercer piso.
점원: 3층이요.

Daniel: Gracias.
다니엘: 감사합니다.

Dependienta: Gracias por su compra. Hasta luego.
점원: 구매해 주셔서 감사합니다. 다음에 또 만나요.

Vocabulario

- **luces** v. lucir(빛나다)의 직설법 현재 2인칭 단수
- **precio** m. 가격
- **descuento** m. 할인
- **llevo** v. llevar(가져가다)의 직설법 현재 1인칭 단수
- **tarjeta** f. 카드
- **efectivo** m. 현금
- **cambio** m. 변화, 교환, 거스름돈
- **algo** pron. 어떤 것
- **pantalones** m. 바지(주로 복수형으로 쓰임)
- **rebaja** f. 할인, 가격인하
- **hasta** prep. -까지
- **luego** adv. 이후에, 나중에

 이것만은 알아두자!

1. Hay 동사

(1) 'haber'의 불규칙 현재형으로 뒤에 오는 명사가 단수형이든 복수형이든 상관없이 항상 hay 형태로 쓴다.

Hay una camisa. 셔츠가 있다.

Hay camisas. 셔츠들이 있다.

(2) 'hay' 구문에 쓰이는 명사는 관사 없이 쓰이거나, 부정관사나 수사와 같이 특정 대상을 지칭하지 않는 표현과 쓰인다.

A: ¿Hay cafeterías en el centro comercial? 쇼핑센터에 카페가 있나요?

B: Sí, hay muchas cafeterías. 예, 카페가 많이 있습니다.

2. Estar 동사

(1) 주어의 위치를 나타낸다.

	estar 동사의 변화형	의미: '(A가) B에 있다.
Yo	**Estoy** en una tienda.	(내가) 상점에 있다.
Tú	**Estás** en una tienda.	(네가) 상점에 있다.
Él, Ella, Ud.	**Está** en una tienda.	(그가) 상점에 있다.
Nosotros(-as)	**Estamos** en una tienda.	(우리가) 상점에 있다.
Vosotros(-as)	**Estáis** en una tienda.	(너희가) 상점에 있다.
Ellos, Ellas, Uds.	**Están** en una tienda.	(그들이) 상점에 있다.

A: ¿Dónde está el probador? 옷 입어보는 곳이 어디 있니?

B: Está allí. 저쪽에 있어.

(2) '~한 상태로 있다'의 의미로 주어의 일시적 상태를 나타낸다.

A: ¿Cómo estás? 어떻게 지내니?

B: Estoy bien, gracias. ¿Y tú? 잘 지내, 고마워. 그럼, 너는?

A: Yo también, gracias. 나도, 고마워.

A: Estás muy guapa hoy. (너는) 오늘 아주 멋있구나.

B: Muchas gracias. 정말 고마워.

(3) Hay는 '존재'를 표현하고 estar는 '위치'를 표현한다.

Allí hay un centro comercial. 저기 쇼핑센터가 한 곳 있다. (존재)

El centro comercial está allí. 그 쇼핑센터가 저기 있다. (위치)

3. 형용사

(1) 형용사의 어미로 가장 일반적인 형태가 -o로 끝난 것이고, 이 경우 수식을 받는 명사의 성과 수에 따라 -o, -a, -os, -as로 변한다.

	단수	복수
남성	el abrigo **nuevo** 새 외투	los abrigos **nuevos** 새 외투들
여성	la camisa **nueva** 새 셔츠	las camisas **nuevas** 새 셔츠들

(2) –o 이외의 문자로 끝난 경우에는 남성형과 여성형에 차이가 없다. 복수형일 경우에만 모음으로 끝난 경우에 -s를, 자음으로 끝난 경우에 -es를 덧붙인다.

	단수	복수
남성	el abrigo **azul** 푸른색 외투	los abrigos **azules** 푸른색 외투들
여성	la camisa **azul** 푸른색 셔츠	las camisas **azules** 푸른색 셔츠들

(3) 주격 보어로 쓰이는 경우에는 주어의 성과 수에 일치시킨다.

Las camisas son blancas. 셔츠들은 흰색이다.

(4) 명사 뒤에 올 경우와 앞에 올 경우 뜻이 달라지는 형용사가 있다.

un **nuevo** vestido 새 드레스 (새로 갖게 된 것)

≠ un vestido **nuevo** 새 드레스 (새로 만들어진 것)

un **pobre** muchacho 가련한 소년 ≠ un muchacho **pobre** 가난한 소년

un **gran** hombre 위대한 사람 ≠ un hombre **grande** 덩치가 큰 사람

(5) 사람과 사물을 묘사하는 형용사

pequeño 작은 ↔ grande 큰

hermoso 아름다운, guapo 멋진 ↔ feo 못생긴

alto 높은, 키가 큰 ↔ bajo 낮은, 키가 작은

delgado 날씬한 ↔ gordo 뚱뚱한

fuerte 강한 ↔ débil 약한

rápido 빠른 ↔ lento 느린

tranquilo 조용한 ↔ ruidoso 시끄러운

nuevo 새로운, moderno 현대적인 ↔ antiguo 낡은, viejo 오래된

limpio 깨끗한 ↔ sucio 더러운

caro 비싼 ↔ barato 싼

corto 짧은 ↔ largo 긴

estrecho 좁은 ↔ ancho 넓은, amplio 넓은

frío 찬 ↔ caliente 뜨거운

cómodo 편리한 ↔ incómodo 불편한

ligero 가벼운 ↔ pesado 무거운

fácil 쉬운 ↔ difícil 어려운

vacío 빈 ↔ lleno 꽉 찬

(6) 색상을 표현하는 형용사

rojo 빨강, verde 초록, violeta 보라, gris 회색, amarillo 노랑, naranja/anaranjado 주황색, morado 자주색, blanco 흰색, azul 파랑, rosa/rosado 분홍, marrón 갈색, negro 검정

문화도 배우고 가자!

스페인 쇼핑 문화

스페인 사람들은 친구들과 또는 혼자서 쇼핑하는 것을 참 좋아한다. 마드리드 사람들은 주로 엘 꼬르떼 잉글레스(El Corte Inglés)라는 스페인 유일의 백화점에서 쇼핑을 즐겨 하며 이 백화점의 봉투를 자랑스럽게 들고 다닌다. 엘 꼬르떼 잉글레스는 시즌에 따라 다양한 기획 상품(ofertas)을 가지고 바겐세일(rebajas) 마케팅을 하고 있다.

스페인 사람들은 백화점 외에 일요일에 주로 열리는 벼룩시장(Rastro)을 사랑하기도 한다. 마드리드에서 가장 유명한 벼룩시장은 까스꼬로 광장(Plaza de Cascorro) 주변 골목에서 열리며 약 500년의 전통을 지니고 있다. 까딸루냐 주의 수도 바르셀로나에도 '데마노 엔마노(demanoenmano)'라는 벼룩시장이 바르셀로나 현대문화센터(CCCB, Centro de Cultura Contemporánea de Barcelona)에서 열리고 있다.

스페인 사람들의 대다수는 디지털 시대에도 여전히 인터넷을 통한 구매에 회의적이다. 인터넷에서 구매하는 주요 구매 품목은 여행상품 및 각종 표, 옷과 신발류 그리고 기술 및 정보 관련 품목이며, 그 다음으로 문화 부문(책, 잡지, 음악 및 시청각 콘텐츠)이 4위를 차지하고 있다.

마드리드 벼룩시장 Rastro의 모습

스페인어로 말해보자!

LA COMPRA

Elabora un diálogo con tu compañero/a:

A DEPENDIENTE	B CLIENTE
1. Saluda y pregunta al cliente qué desea.	
	2. Saluda y pide una prenda (pantalón/falda/abrigo, etc.).
3. Pregunta la talla y el color.	
	4. Responde.
5. Muestra la prenda.	
	6. Pregunta por el probador.
7. Muestra el probador.	
	8. (Después de probarse la prenda) pregunta por el precio.
9. Da el precio	
	10. Dice que sí compra la prenda y la forma de pago (con tarjeta o en efectivo).
11. Da las gracias	

LECCIÓN 6

EL MERCADO DE SAN MIGUEL

산 미겔 시장

A. HACIA EL MERCADO 시장을 향해서

Manse: Perdón, ¿cómo llego al Mercado de San Miguel?

만세: 실례합니다만, 산 미겔 시장에 어떻게 가죠?

Joven: Mira, sigues recto por la calle Bailén hasta la calle Mayor. Allí, giras a la izquierda y en la esquina con la calle de San Miguel vuelves a girar a la derecha. Caminas un poco y ahí está el mercado.

Vocabulario

- perdón m. 용서, 실례합니다!
- llego v. llegar(도착하다)의 직설법 현재 1인칭 단수
- sigues v. seguir(-을 따라가다)의 직설법 현재 2인칭 단수
- recto adj. 곧은, 직선의
- giras v. girar(돌다, 돌리다)의 직설법 현재 2인칭 단수
- esquina f. 구석, 모퉁이

청년: 보세요, 바일렌 가를 따라 마요르 가까지 쭉 직진하세요. 거기서 왼쪽으로 돌고 산 미겔거리 모퉁이에서 다시 오른쪽으로 도세요. 조금 더 걸어가면 거기에 시장이 있어요.

Señora: No, no, no; es más rápido si sigues recto por la calle Bailén y giras a la izquierda al llegar a la calle Almudena. Luego, sigues todo recto y en la calle Mayor continúas por la izquierda hasta la calle Plaza San Miguel.
부인: 아니 아니에요. 바일렌 가로 쭉 직진하고 알무데나 가에 도착하면 왼쪽으로 꺾는 게 더 빨라요. 그런 다음 직진해서 마요르 가에서 산 미겔 광장거리까지 왼쪽으로 계속 가세요.

Daniel: ¿Está muy lejos?
다니엘: 많이 먼가요?

Joven: A unos veinte minutos caminando.
청년: 걸어서 약 이십 분이요.

Manse: Gracias, son muy amables.
만세: 감사합니다. 매우 친절들하시네요.

Señora: De nada.
부인: 천만에요.

Joven: Hasta luego.
청년: 다음에 또 만나요.

Vocabulario

vuelves v. volver(돌리다, 뒤집다)의 직설법 현재 2인칭 단수, volver a inf. 다시 -하다.

caminas v. caminar(걷다, 나아가다)동사의 직설법 현재 2인칭 단수

ahí adv. 거기, 거기에

continúas v. continuar(계속하다)의 직설법 현재 2인칭 단수

lejos adv. 멀리

minuto m. 분

caminando v. caminar(걷다, 나아가다)의 현재분사

B. EN EL MERCADO 시장에서

Manse: Mira, Daniel, ahí está el mercado.
만세: 봐봐, 다니엘, 저기 시장이 있어.

Daniel: ¡Qué arquitectura tan bonita!
다니엘: 매우 아름다운 건축물이구나!

Manse: Sí, es un edificio precioso.
만세: 맞아, 아름다운 건물이야.

Daniel: Quiero una foto frente al mercado.
다니엘: 시장 앞에서 사진 한 장 찍고 싶어.

Manse: Buena idea.
만세: 좋은 생각이야.

Daniel: Aquí.
다니엘: 여기서.

Manse: ¿Listo? Una, dos, tres.
만세: 준비됐어? 하나, 둘, 셋.

Daniel: Muchas gracias.
다니엘: 고마워.

Manse: No hay de qué.

Vocabulario

arquitectura f. 건축, 건축물
edificio m. 건물
precioso/a adj. 예쁜, 귀여운
listo/a adj. 준비된

만세: 천만에.

Daniel: Vamos adentro porque muero de hambre.
다니엘: 안으로 들어가자. 배고파서 죽을 지경이거든.

Manse: Sí, yo también.
만세: 그래, 나도 마찬가지야.

Daniel: ¡Cuánta variedad! Fruterías, marisquerías, vinaterías y postres... Mmm, ¡qué delicioso!
다니엘: 참 종류가 다양하구나! 과일 가게, 해산물 가게, 와인 가게 그리고 후식들... 음, 맛있겠다!

Manse: Mira, en ese restaurante hay lugar para sentarnos a tapear, vamos.
만세: 저 레스토랑에 앉아서 먹을 장소가 있어. 가자.

Vocabulario

adentro adv. 안으로, 안에
porque conj. 왜냐하면
muero v. morir(죽다)의 직설법 현재 1인칭 단수
frutería f. 과일 가게
marisquería f. 해산물 가게
vinatería f. 와인 가게
postre m. 후식, 디저트
delicioso/a adj. 맛있는
sentarnos v. sentarse(앉다)의 1인칭 복수 원형
tapear v. (바에서) 안주를 먹다, 가볍게 먹다

C. EN EL RESTAURANTE 식당에서

Camarero: Buenas tardes, bienvenidos. Les doy la carta.
웨이터: 안녕하세요? 어서오세요. 메뉴판 여기 있습니다.

Vocabulario

les pron. 간접 목적격 대명사 3인칭 복수
doy v. dar(주다)의 직설법 현재 1인칭 단수
carta f. 편지, 메뉴판

Manse: ¿Qué quieres beber?
만세: 뭐 마실래?

Daniel: Yo quiero una copa de vino tinto.
다니엘: 나는 적포도주 한 잔을 원해

Manse: Yo prefiero cerveza. Para tapear hay aceitunas rellenas, tortilla de patatas, croquetas, calamares fritos, pulpo a la gallega y ensaladilla rusa. Y de raciones hay gambas rebozadas, jamón ibérico, anchoas, pescado frito y ensalada de atún. ¿Qué te pido?
만세: 나는 맥주가 좋겠어. 안주로는 속을 채운 올리브 열매, 감자 또르띠야, 크로켓, 오징어 튀김, 갈리시아식 문어 그리고 러시아식 샐러드가 있어. 그리고 한 접시 메뉴로는 새우 튀김, 하몬 이베리꼬, 멸치 절임, 생선 튀김 그리고 참치 샐러드가 있어. 너는 뭐 먹을래?

Daniel: Una tortilla de patatas.
다니엘: 감자 또르띠야 하나.

Manse: Y yo, unas aceitunas rellenas.
만세: 나는 속채운 올리브 열매.

Camarero: ¿Qué les pongo?
웨이터: 무엇을 갖다 드릴까요?

Manse: Una tortilla de patatas, unas aceitunas rellenas, una copa de vino tinto y una cerveza.
만세: 감자 또르띠야 하나, 속채운 올리브 열매, 적포도주 한 잔 그리고 맥주 한 잔 주세요.

Camarero: Bien, en un momento traigo su pedido.
웨이터: 네, 주문하신 것 금방 가져오겠습니다.

Camarero: Aquí está. ¡Buen provecho!
웨이터: 여기 있습니다. 맛있게 드세요!

Vocabulario

beber v. 마시다
copa f. 잔, 포도주잔
vino tinto m. 적포도주
prefiero v. preferir(선호하다)의 직설법 현재 1인칭 단수
cerveza f. 맥주
aceituna f. 올리브 열매
relleno/a adj. 채워진
patata f. 감자
croqueta f. 크로켓, 고로케
calamar m. 오징어
frito/a adj. 튀긴
pulpo m. 문어
a la gallega 갈리시아식의
ensaladilla f. 샐러드
ruso/a adj. 러시아의, 러시아식의
ración f. 1인분, 한 접시
gamba f. 새우
rebozado/a adj. 밀가루를 묻혀 튀긴
jamón m. 하몬
ibérico/a adj. 이베리아의
anchoa f. 생멸치, 앤초비
pescado m. 생선
ensalada f. 샐러드
atún m. 참치
pido v. pedir(요청하다, 부탁하다)의 직설법 현재 1인칭 단수
pongo v. poner(놓다)의 직설법 현재 1인칭 단수
traigo v. traer(가져오다)의 직설법 현재 1인칭 단수
pedido m. 주문품, 주문한 것
provecho m. 이익, 이윤, 유익, 유용

이것만은 알아두자!

1. 모음이 변하는 불규칙 동사

O > UE		E > IE		E > I	
morir 죽다	volver 돌아가다	preferir 선호하다	querer 좋아하다	pedir 요구하다	seguir 계속하다
m**ue**ro	v**ue**lvo	pref**ie**ro	qu**ie**ro	p**i**do	s**i**go
m**ue**res	v**ue**lves	pref**ie**res	qu**ie**res	p**i**des	s**i**gues
m**ue**re	v**ue**lve	pref**ie**re	qu**ie**re	p**i**de	s**i**gue
morimos	volvemos	preferimos	queremos	pedimos	seguimos
morís	volvéis	preferís	queréis	pedís	seguís
m**ue**ren	v**ue**lven	pref**ie**ren	qu**ie**ren	p**i**den	s**i**guen

(1) morir 죽다, volver 돌아가다, poder 할 수 있다, dormir 자다, mover 움직이다, volar 날다 등의 동사들은 강세를 받는 음절에서 단모음 o가 이중모음 ue로 변한다.

A: ¿Vuelves temprano? (너는) 일찍 돌아오니?

B: Lo siento. Vuelvo tarde. 미안해. (나는) 늦게 돌아와.

(2) preferir 선호하다, querer 원하다, mentir 거짓말하다, cerrar 닫다, entender 이해하다, sentar 앉히다 등의 동사들은 강세를 받는 음절에서 단모음 e가 이중모음 ie로 변한다.

A: ¿Quieres vino? 포도주 원하니?

B: Prefiero cerveza. 맥주가 더 좋아.

(3) pedir 요구하다, seguir 계속하다, repetir 반복하다 등의 동사들은 강세를 받는 음절에서 단모음 e가 단모음 i로 변하는데, -ir형 동사뿐이다.

A: ¿Sigo recto? 직진할까요?

B: Sí, por favor. 네, 그래 주세요.

2. 기타 유형의 불규칙 동사

conocer 알다	poner 놓다	traer 가져오다	hacer 하다	venir 오다	dar 주다	ir 가다	continuar 지속하다
conozco	**pongo**	**traigo**	**hago**	**vengo**	**doy**	**voy**	continúo
conoces	pones	traes	haces	vienes	das	**vas**	continúas
conoce	pone	trae	hace	viene	da	**va**	continúa
conocemos	ponemos	traemos	hacemos	venimos	damos	**vamos**	continuamos
conocéis	ponéis	traéis	hacéis	venís	dais	**vais**	continuáis
conocen	ponen	traen	hacen	vienen	dan	**van**	continúan

(1) conocer 알다, conducir 운전하다, producir 생산하다, traducir 번역하다 등의 동사는 1인칭 단수에 –z-가 삽입된다.

A: ¿Conoces a María? 마리아를 아니?

B: Sí, la conozco. 그래, 그녀를 알아.

(2) poner 놓다, traer 가져오다, hacer 하다, venir 오다 등의 동사는 1인칭 단수형에 –g-가 삽입된다. venir의 경우에는 모음도 변한다.

A: ¿Qué te pongo? 무엇을 줄까?

B: Un café cortado, por favor. 꼬르따도 커피주세요.

(3) dar 주다는 1인칭 단수가 doy이다.

A: ¿Te doy un bocadillo? 내가 (네게) 보까디요를 줄까?

B: Muchas gracias. 정말 고마워.

(4) ir 가다는 기본형과 활용형이 전혀 다른 형태이다.

A: ¿Adónde van? (당신들은) 어디 가시나요?

B: Vamos a un restaurante español. (우리는) 스페인 식당에 갑니다.

(5) continuar 지속하다의 활용형에는 강세 표시가 첨가된다.

A: ¿Continúo por la derecha? 오른쪽으로 계속 갈까?

B: No, continúas por la izquierda. 아니, 왼쪽으로 가.

3. 상차림 관련 어휘

1. Plato de pan 빵접시
2. Cuchara de postre 후식 스푼
3. Tenedor de postre 후식 포크
4. Señalador de lugar 장소 표시
5. Copa de agua 물잔
6. Copa de vino tinto 적포도주잔
7. Copa de vino blanco 백포도주잔
8. Copa de champán 샴페인잔
9. Servilleta 냅킨
10. Tenedor de pescado (primer plato) 생선용 포크 (첫 번째 요리)
11. Tenedor de comida 주요리용 포크
12. Plato 접시
13. Plato de sitio 위치 접시
14. Cuchillo de comida 주요리용 나이프
15. Cuchillo para pescado 생선 나이프
16. Cuchara de sopa 스프용 스푼
17. Menú 메뉴판

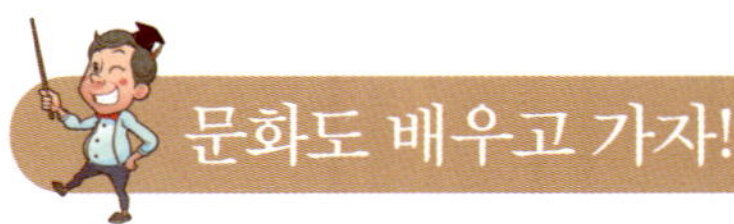

스페인 재래시장

스페인 마드리드 한 복판에 있는 산미겔 시장은 옛 산미겔 교구 교회를 나폴레옹의 형이자 당시 스페인 왕인 호세 보나빠르떼(José I Bonaparte 또는 José Napoleón I)의 명령으로 허물고 그 자리에 수산물 중심의 노천시장이 운용되고 있던 것을 1916년 철물 골조로 지어 농산물 복합 시장으로 개장한 것이다. 바르셀로나의 보께리아시장(Mercado de La Boquería), 발렌시아의 중앙시장(Mercado Central de Valencia)과 더불어 스페인 3대 전통시장에 속한 산미겔 시장은 1유로짜리 먹을 거리로 유명하여 스페인의 다양한 먹거리를 체험해 볼 수 있다.

스페인 식사예절

스페인의 정통 음식을 먹기 위해 레스토랑을 방문하는 경우 현지 점심 시간 절정인 2시 이후가 좋다. 레스토랑에서는 빈 좌석을 찾아 앉는 것이 아니라 종업원의 안내를 받아야 한다. 간단하게 먹을 경우는 '그날의 요리(menú del día)'를 주문하고 맥주(caña 또는 cerveza)나 포도주(vino)를 주문하면 된다. 그러나 정식인 경우 다소 복잡한 절차가 따르며 식사 예절도 지켜야 한다. 정찬의 경우 '전채요리-수프와 빵-생선요리-셔벗(sorbete)-육류요리-샐러드-후식' 순으로 이루어지며 잔 수만 해도 백포도주잔, 적포도주잔, 물잔, 꼬냑잔 등 다양하게 놓인다. 정찬 식사 예절은 다소 복잡하나 그 중 중요한 점 몇 가지를 보면 첫째, 테이블 세팅은 옮기지 않는다. 둘째, 물 잔은 오른 쪽에 있는 것을 사용한다. 셋째, 식사 중 팔꿈치를 식탁 위에 세우지 말며, 냅킨은 무릎 등 편안한 곳에 놓았다가 술 잔을 들기 전 입 가장자리를 깨끗하게 하는 용도로 사용한다. 넷째, 잔은 돌리지 않으며 포도주 잔은 웨이터나 호스트가 따라 줄 때까지 기다린다. 끝으로 식사 후에는 제 자리에서 계산을 한 후 팁을 계산(통상 10%)하여 놓거나 또는 잔돈을 테이블에 놓아둔다.

스페인어로 말해보자!

EN UN RESTAURANTE

Elabora un diálogo con tu compañero/a:

A CLIENTE	B CAMARERO
1. Llama al camarero.	
	2. Saluda y da el menú.
3. Ve el menú, pide una bebida y un platillo.	
	4. Trae la comida y la bebida.
5. Pide la cuenta.	
	6. Trae la cuenta.
7. Paga.	
	8. Da las gracias y se despide.

LECCIÓN 7

LA COCINA ESPAÑOLA

스페인 요리

A. LA TORTILLA ESPAÑOLA 스페인식 또르띠야

Manse: Hola, ¿qué hacéis?
만세: 안녕, 너희들 뭐하니?

Mónica: Javier y yo tenemos que preparar la comida.
모니까: 하비에르와 나는 음식을 준비해야 해.

Manse: ¿Puedo ayudaros?
만세: 도와줄까?

Vocabulario

hacéis v. hacer(하다)의 직설법 현재 2인칭 복수
preparar v. 준비하다
ayudar v. 도와주다

Javier: Claro, queremos preparar tortilla de patatas.
하비에르: 물론이지. 우리는 감자 또르띠야를 만들고 있어.

Manse: Uno de mis platos favoritos.
만세: 내가 좋아하는 요리 중 하나야.

Javier: ¿Sabes prepararla?
하비에르: 요리할 줄 아니?

Manse: No.
만세: 아니.

Mónica: Es un plato sencillo y rápido de hacer.
모니까: 간단하고 빨리 만들 수 있는 요리야.

Manse: ¿Cuáles son los ingredientes?
만세: 재료가 뭐니?

Javier: Patatas, aceite de oliva, huevos y sal al gusto.
하비에르: 감자, 올리브유, 계란과 적당량의 소금.

Mónica: Aquí están todos los ingredientes.
모니까: 여기 재료가 다 있어.

Javier: Bien, manos a la obra.
하비에르: 좋아, 이제 만들자.

Vocabulario

favorito/a adj. 맘에 드는, 아주 좋아하는
plato m. 요리, 접시
sencillo/a adj. 간단한, 단순한
rapido/a adj. adv. 빠른, 빨리
ingrediente m. 요소, 재료, 성분
aceite m. 기름
oliva f. 올리브
huevo m. 계란
sal f. 소금
al gusto 취향에 맞게
mano f. 손
obra f. 작품, 작업

LECCIÓN 7

B. LA PREPARACIÓN 준비

Javier: Primero tenemos que pelar las patatas y después cortarlas.
하비에르: 먼저, 감자 껍질을 벗기고 그런 다음 썰어야 해.

Mónica: Yo las pelo y tú las cortas.
모니까: 내가 껍질을 벗길테니 네가 썰어.

Manse: Sí.
만세: 그래.

Javier: También tenemos que cortar la cebolla, yo lo hago.
하비에르: 우리는 양파도 썰어야 해. 내가 그 일을 할게.

Manse: ¿Las estoy cortando bien?
만세: 내가 잘 썰고 있니?

Mónica: Sí. Ahora ponemos una sartén al fuego con abundante aceite y esperamos un rato.
모니까: 응. 이제 프라이팬에 기름을 충분히 두른 뒤 불에 올려 놓고 잠깐 기다리자.

Javier: Ya está. Añadimos las patatas y la cebolla.

Vocabulario

- preparación f. 준비
- pelar v. (껍질을) 벗기다
- cortar v. 자르다
- cebolla f. 양파
- hago v. hacer(하다)의 직설법 현재 1인칭 단수
- sartén f. 후라이팬
- fuego m. 불
- abundante adj. 풍부한
- esperamos v. esperar(기다리다, 기대하다)의 직설법 현재 1인칭 복수
- rato m. 잠깐, 단시간
- añadimos v. añadir(첨가하다)동사의 직설법 현재 1인칭 복수

하비에르: 자, 이제 감자와 양파를 넣자.

Mónica: Mientras tanto, en un recipiente rompemos los huevos, los batimos y agregamos sal.
모니카: 그러는 동안 그릇에 계란을 깨서 풀고 소금을 넣자.

Javier: Ahora tienes que agregar las patatas sin aceite al recipiente.
하비에르: 이제 기름기 뺀 감자를 그릇에 부어야 해.

Mónica: Ya está nuestra mezcla, ahora podemos hacer la tortilla.
모니카: 이제 우리 재료 섞은 것이 준비되었어. 이제 또르띠야를 만들 수 있어.

Javier: En otra sartén pones un poco de aceite y tienes que echar la mezcla.
하비에르: 다른 프라이팬에 기름을 약간 넣고 재료섞은 것을 넣어야 해.

Manse: ¿Así?
만세: 이렇게?

Mónica: Sí, muy bien... Está lista nuestra tortilla hecha por un coreano.
모니카: 그래, 아주 잘했어... 한국 사람이 만든 우리의 또르띠야가 준비되었어.

Vocabulario

mientras adv. 그러는 동안, conj. –하는 동안, **mientras tanto** 그러는 동안

recipiente m. 용기, 그릇

rompemos v. romper(깨다, 부수다)의 직설법 현재 1인칭 복수

batimos v. batir(때리다, 부수다, 휘저어 섞다)의 직설법 현재 1인칭 복수

agregamos v. agregar(첨가하다)의 직설법 현재 1인칭 복수

sin prep. –없이

mezcla f. 혼합, 혼합물

echar v. 던지다, 버리다, 부어 넣다

así adv. 그렇게, 이렇게

hecho/a adj. 만들어진, v. hacer (하다)의 과거분사

C. EN LA MESA 식탁에서

José: Manse, tu tortilla de patatas es más sabrosa que la de Mónica y Javier.
호세: 만세야, 네가 만든 또르띠야가 모니까와 하비에르가 만든 것보다 더 맛있어.

Todos: Jajaja.
모두: 하하하.

Pilar: ¿Puedes hablarnos un poco sobre la comida coreana?
삘라르 부인: 한국 음식에 대해 우리에게 이야기해줄 수 있니?

Manse: La cocina coreana es muy sabrosa y variada. Nosotros comemos muchos mariscos como vosotros y el ajo es un ingrediente muy usado.
만세: 한국 음식은 매우 맛있고 다양해요. 우리는 여러분들처럼 해산물을 많이 먹고 마늘은 많이 사용되는 재료지요.

Mónica: Nosotros también usamos mucho el ajo.
모니까: 우리도 마늘을 많이 사용해.

Manse: Además, la cocina coreana es picante

Vocabulario

- sabroso/a adj. 맛있는
- sobre prep. -에 대해
- variado/a adj. 여러 가지의, 가지각색의
- marisco m. 해산물
- ajo m. 마늘
- usado/a adj. 이용되는
- picante adj. 매운

y hay muchos platos preparados con arroz.

만세: 그 외에, 한국 음식은 맵고 쌀로 만드는 요리가 많아요.

Antonio: ¿Cuál es el plato más famoso?

안또니오 씨: 가장 유명한 요리가 무엇이니?

Manse: Hay varios, uno de los platos más famosos es el *bibimbap*.

만세: 여러 가지가 있어요. 가장 유명한 요리 중 하나는 비빔밥이에요.

José: ¿Lo puedes preparar?, quiero probarlo.

호세: 그 음식을 만들 수 있니? 먹어보고 싶어.

Manse: Por supuesto que sí, lo prometo.

만세: 물론이지. 약속할게.

Vocabulario

preparado/a adj. 준비된

arroz m. 쌀

famoso/a adj. 유명한

prometo v. prometer(약속하다)의 직설법 현재 1인칭 단수

supuesto m. 추측, 가정

Por supuesto 물론

이것만은 알아두자!

1. 동사원형과 함께 쓰이는 동사

(1) Tener que + 동사원형: '~해야 한다'

A: ¿Qué tengo que hacer? (내가) 무엇을 해야 하니?

B: Tienes que pelar las cebollas. (너는) 양파를 까야 돼.

(2) Querer + 동사원형: '~하기를 원하다'

A: ¿Quieres probar la comida coreana? (너는) 한국 음식 먹어보고 싶니?

B: Sí, quiero. 그래, 그러고 싶어.

(3) Poder + 동사원형: '~할 수 있다'

A: ¿Puedes preparar el *bibimbap*? (너는) 비빔밥을 준비할 수 있니?

B: Por supuesto que sí. 물론이지.

2. 직접 목적격 대명사

		단수	복수
1인칭		**me**	**nos**
2인칭		**te**	**os**
3인칭	남성	**lo**	**los**
	여성	**la**	**las**

(1) 직접 목적어로 쓰인 명사의 성과 수에 일치시켜야 하며 활용된 동사 앞에 쓴다.

A: ¿Cortamos las patatas? (우리가) 감자를 썰까?

B: Sí, las cortamos. 그래, 그것들을 썰자.

A: ¿Comen ustedes mariscos? 당신들은 해산물을 드시나요?

B: Sí, los comemos. 네, 그것들을 먹습니다.

(2) 동사원형과 쓰일 때는 동사원형에 바로 붙여 쓸 수도 있고 활용된 동사 앞에 쓸 수도 있다.

A: ¿Tenemos que cortar las patatas? (우리가) 감자를 썰어야 하니?

B: Sí, tenéis que cortarlas. 그래, (너희가) 썰어야 해.

= Sí, las tenéis que cortar.

(3) 사람을 지칭할 경우 지칭 대상을 명확히 하거나 강조하기 위해 중복형을 덧붙일 수 있다.

A: A Daniel, ¿le gustan las aceitunas? 다니엘은 올리브 열매를 좋아합니까?

B: No, no le gustan. 아니요, 좋아하지 않습니다.

A: Yo te quiero a ti. 난 너를 사랑해.

B: Me mientes. (넌) 나를 속이고 있어.

(4) Ud.의 지칭 대상이 남성 단수일 때 직접 목적격 대명사로 스페인에서는 lo대신 le를 많이 쓴다. 이 현상을 leísmo라고 한다.

A: ¿Me van a llamar esta tarde? 오후에 제게 전화해 주시나요?

B: **[스페인]** Sí, le vamos a llamar. 예, 저희가 전화 드리겠습니다.

[라틴아메리카] Sí, lo vamos a llamar.

3. 음식(comida) 관련 어휘

verduras y frutas 야채와 과일	carne, pescado y mariscos 육류와 생선, 해산물	alcohol y bebidas 술과 음료	기타
ajo 마늘	carne de cerdo 돼지고기	agua 물	arroz 쌀
cebolla 양파	carne de res 소고기	zumo/jugo 주스	harina 밀가루
patata/papa 감자	pollo 닭고기	soda/refresco 탄산음료	sal 소금
zanahoria 당근	cordero 양고기	café 커피	pimienta 후추
aceituna 올리브	anchoa 멸치	té 차	azúcar 설탕
fresa 딸기	atún 참치	leche 우유	queso 치즈
limón 레몬	sardina 정어리	cerveza 맥주	yogur 요거트
manzana 사과	salmón 연어	vino 와인	huevo 계란
naranja 오렌지	almeja 바지락		jamón 하몬
plátano 바나나	calamar 오징어		
tomate 토마토	cangrejo 게		
uvas 포도	gamba/camarón 새우		
	langosta 가재		
	ostra 굴		
	pulpo 문어		

문화도 배우고 가자!

스페인 식문화

스페인 사람들은 먹기 위해 일한다고 생각한다. 스페인은 매사에 느림의 미학을 지닌 라틴 민족의 관습이 있고 3면이 바다인 지리적 입지로 인해 먹을 것이 풍부한 나라다. 스페인의 식사 시간은 주로 점심은 2시경이고, 저녁은 10시경이다. 1986년 스페인의 유럽연합(EU) 가입 이후 회원국과 소통의 문제를 들어 식사 관습을 바꾸려 했으나 실패로 돌아가고 말았다. 스페인 요리에서 기본 재료는 올리브유와 소금 그리고 식초다. 식사 중 거의 빠지지 않는 것은 세계적 명성을 얻고 있는 포도주다. 이러한 기본적인 식사 패턴은 오랜 역사·문화적 관습에서 비롯된다.

스페인 주요 요리

스페인의 주요 요리 몇 가지를 보면 또르띠야를 비롯해 발렌시아가 원조인 빠에야(paella), 안달루시아 지방의 냉 스프인 가스빠초(gazpacho) 등이 있으며, 이 외에 초리소(chorizo), 하몬(jamón), 추로스(churros) 등이 있다. 특히 발렌시아 빠에야의 식자재에는 스페인 역사와 문화가 담겨있다. 발렌시아는 지중해 연안의 도시로 역사적으로 그리스 및 유럽 그리고 중동 및 이집트 지역과의 활발한 교류로 퓨전음식이 발달할 수 있었다. 쌀은 페르시아, 향신료인 샤프란은 중동, 올리브는 그리스, 넓고 큰 프라이팬은 이탈리아, 각종 해산물 및 육류는 발렌시아를 중심으로 조달되어 오늘날의 빠에야가 만들어졌으며, 다양한 민족의 기호 요리로도 변모되었다.

한국 주요 식문화

반면 우리나라 음식의 기본은 밥(arroz hervido)과 국(sopa)이며, 양념류로 된장, 고추장(pasta de arroz mezclado con el chile rojo) 등이 있으며 반찬으로는 발효(fermentado) 식품인 김치를 비롯해 젓갈(mariscos fermentados salados), 나물 등이 오른다. 한편 찌개 및 전골류(guisos o cazuelas)가 밥상에 오르며, 세계적인 웰빙 음식으로 소개된 비빔밥 등이 있다.

LECCIÓN 7

스페인어로 말해보자!

1. PLATILLOS

Piensa en un platillo fácil de preparar y comenta con tu compañero/a lo siguiente:

a) ¿Cuáles son los ingredientes para su preparación?
b) ¿Cómo se prepara? (*Primero, tienes que cortar / pelar / hervir...*).

2. LA COCINA

Compara la cocina de tu país con la de otro país, menciona:

a) ¿Cuáles son las diferencias?
b) ¿Cuáles son las similitudes?
(*La cocina coreana es tan picante como la mexicana; la cocina mexicana es más salada que la coreana,* etc.).

memorándum

LECCIÓN 8

EN EL ESTADIO

경기장에서

A. EL FÚTBOL 축구

Javier: Manse, ¿te gusta el fútbol?
하비에르: 만세, 너 축구 좋아하니?

Manse: Me gusta pero mi deporte favorito es el béisbol. A los coreanos, en general, nos encanta el béisbol.
만세: 좋아하지만 내가 가장 좋아하는 스포츠는 야구야. 한국사람들은 대개 야구를 좋아해.

Javier: El béisbol también me gusta pero el

Vocabulario

- estadio m. 경기장
- fútbol m. 축구
- deporte m. 스포츠
- béisbol m. 야구
- general adj. 일반적인
- encanta v. encantar(-을 현혹시키다)의 직설법 현재 3인칭 단수

fútbol me fascina.
하비에르: 나는 야구도 좋아하지만 축구를 더 좋아해.

Manse: Sí, creo que a la mayoría de vosotros os gusta el fútbol, el equipo nacional juega muy bien. ¿Cuál es tu equipo local?
만세: 그래, 너희들 대부분이 축구를 좋아할 거라고 생각해. 국가대표팀이 축구를 매우 잘하지. 너의 지역팀은 무엇이니?

Javier: El Real Madrid, por supuesto.
하비에르: 당연히 레알 마드리드지

Manse: Y a ti, Mónica, ¿qué deportes te gustan?
만세: 모니까, 너는 어떤 스포츠를 좋아하니?

Mónica: A mí no me gusta nada el fútbol. Me encanta nadar. La natación es mi pasión. Y también me gusta el tenis.
모니까: 나는 축구를 전혀 좋아하지 않아. 나는 수영을 좋아해. 수영은 나의 열정이야. 그리고 난 테니스도 좋아해.

Javier: Mañana voy al estadio Santiago Bernabéu, juega el Real Madrid contra el Barcelona. Es el Clásico. ¿Vienes?
하비에르: 내일 산띠아고 베르나베우 경기장에 갈거야. 레알 마드리드와 바르셀로나가 경기를 해. 엘 끌라시꼬야. 같이 갈래?

Manse: Me encanta la idea.
만세: 좋은 생각이야.

Vocabulario

- **fascina** v. fascinar(매혹시키다)의 직설법 현재 3인칭 단수
- **mayoría** f. 대부분, 대다수
- **equipo** m. 팀
- **nacional** adj. 국가의, 국내의
- **juega** v. jugar(경기하다, 놀이하다)의 직설법 현재 3인칭 단수
- **local** adj. 장소의, 지방의, 국지적인
- **real** adj. 왕의, 왕립의
- **nadar** v. 수영하다
- **natación** f. 수영
- **pasión** f. 열정, 애착
- **tenis** m. 테니스
- **contra** prep. –에 반하여, -에 거슬러
- **clásico/a** adj. 고전적인
- **vienes** v. venir(오다)의 직설법 현재 2인칭 단수
- **idea** f. 아이디어, 생각

B. RUMBO AL ESTADIO 경기장으로

Manse: ¿Cómo vamos al estadio?
만세: 경기장은 어떻게 가니?

Javier: Tenemos dos opciones. Podemos ir en metro o en autobús. Hay dos estaciones de metro cerca, una es la estación Santiago Bernabéu y la otra es la estación Cuzco.
하비에르: 두 가지 방법이 있어. 지하철로 가든지 아니면 버스로 가든지. 근처에 두 개의 지하철역이 있어. 하나는 산띠아고 베르나베우 역이고 다른 하나는 꾸스꼬 역이야.

Manse: ¿Y la otra opción?
만세: 다른 방법은?

Javier: En autobús; podemos coger el 7, 27, 126, 147 y 150.
하비에르: 버스로 가는 거야. 우리는 7번과 27번, 126번, 147번, 150번을 탈 수 있어.

Manse: Creo que es mejor ir en metro.
만세: 지하철로 가는 게 낫겠다.

Javier: Sí.

Vocabulario

- rumbo m. 방향, 진로
- opción f. 선택, 옵션
- metro m. 지하철
- autobús m. 버스
- coger v. 잡다, 잡아타다
- mejor adj. 더 좋은

하비에르: 그래.

Manse: Estoy emocionado por ver el estadio.
만세: 경기장을 보다니 감격적이다.

Javier: Sí, es un estadio emblemático.
하비에르: 그래, 상징적인 경기장이야.

Manse: Y es uno de los más grandes de España, ¿verdad?
만세: 스페인에서 가장 큰 경기장 중 하나지, 그렇지?

Javier: Sí, es uno de los estadios con mayor capacidad, 81.044 espectadores.
하비에르: 그래, 81,044명의 관중이 들어가는 수용력이 가장 큰 경기장 중 하나야.

Manse: ¿Cuál es el año de su inauguración?
만세: 몇 년도에 개장했지?

Javier: 1947. Ahora lo están remodelando, el costo de la remodelación es de 400.000.000 de euros.
하비에르: 1947년. 지금 리모델링을 하고 있는데 그 비용이 4억 유로야.

Manse: ¡Increíble!
만세: 놀랍다!

Vocabulario

emocionado/a adj. 감동받은, v. emocionar(감격시키다)의 과거분사
emblemático/a adj. 상징적인
verdad f. 진실, 진리
capacidad f. 능력, 용량
espectador m. 관객, 시청자, 관중
inauguración f. 개막, 개회, 개장
remodelando v. remodelar(개조하다)의 현재분사
costo m. 비용
remodelación f. 개조, 리모델링
increíble adj. 믿을 수 없는

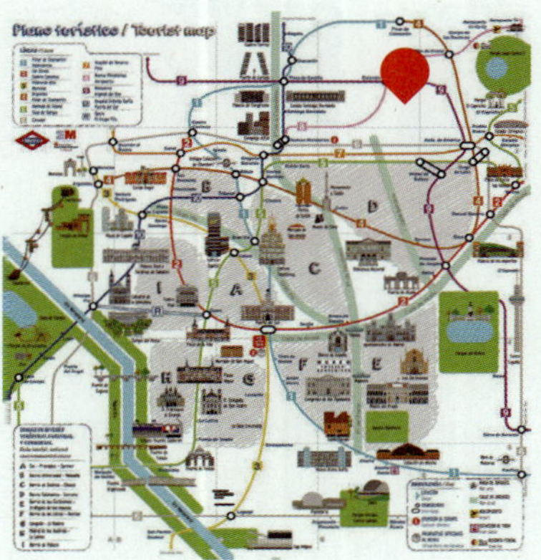

C. EN EL PARTIDO 경기 중

Javier: Deprisa, el partido está a punto de empezar.
하비에르: 서둘러, 경기가 시작하려고 해.

Manse: Sí, hay muchísima gente.
만세: 그래. 사람이 엄청 많아.

Javier: Allá están nuestros asientos, vamos.
하비에르: 저기 우리 자리가 있어. 가자.

Manse: Con permiso, con permiso.
만세: 실례합니다, 실례합니다.

Javier: Uf, justo a tiempo.
하비에르: 아휴, 제 시간에 왔네.

Manse: ¿Cuál es tu pronóstico del partido?
만세: 너의 경기 예상은 어떠니?

Javier: Real Madrid 2, Barcelona 1.
하비에르: 레알 마드리드 2, 바르셀로나 1.

Manse: Creo que es un partido difícil pero seguro que el Real Madrid gana.

Vocabulario

- partido m. 경기, 시합
- deprisa adv. 서둘러, 급히
- muchísimo/a adj. 엄청나게 많은(절대최상급)
- gente f. 사람들
- allá adv. 저쪽에, 저쪽으로
- asiento m. 좌석
- permiso m. 허가, 허락
- justo adj. 정확한, 정당한 adv. 정확히
- tiempo m. 시간, 날씨
- pronóstico m. 예상, 예측, 예보
- difícil adj. 어려운
- gana v. ganar(이기다, 얻다)의 직설법 현재 3인칭 단수
- seguro/a adj. 확실한, 안전한

Además, está en casa.
만세: 어려운 시합이 되겠지만 레알 마드리드가 이길 거라고 확신해. 게다가 홈경기잖아.

Javier: Sí, eso es una ventaja.
하비에르: 그래, 그게 장점이지.

Manse: ¿Quién es tu jugador favorito?
만세: 네가 좋아하는 선수는 누구니?

Javier: El de la camiseta con el número 18, Nacho Fernández.
하비에르: 등번호 18번을 단 나초 페르난데스야.

(Cántico 응원가)

¡Cómo no te voy a querer, cómo no te voy a querer, si fuiste campeón de Europa por décima vez!
어떻게 너를 사랑하지 않을 수 있니, 어떻게 너를 사랑하지 않을 수 있어, 네가 열 번이나 유럽 챔피언이었는데!

Vocabulario

ventaja f. 유리한 점, 장점
jugador m. 선수
fuiste v. ser(이다)의 직설법 과거 2인칭 단수
campeón m. 챔피언
décimo/a adj. 열번째의
vez f. 번, 회차

 이것만은 알아두자!

1. 간접 목적 대명사

(1) 간접 목적어로 쓰이는 대명사로 지칭하는 명사의 수에 일치시킨다.

	단수	복수
1인칭	me	nos
2인칭	te	os
3인칭	le	les

A: ¿Qué **te** regala Javier? 하비에르가 네게 무엇을 선물하니?

B: **Me** regala una camiseta del Real Madrid. 내게 레알 마드리드 티셔츠를 선물해.

2. gustar 동사

(1) 기쁨을 주는 것이 주어가 되고 수혜자가 간접 목적격이 되는 구조로 일반적 선호도나 기호를 표현한다. 직역은 '~가 ~에게 기쁨(gusto)을 주다'이고 자연스런 의역은 '좋아하다'이다.

단수 주어	복수주어
Me **gusta** el fútbol. 나는 축구를 좋아한다.	Me **gustan** los deportes. 나는 스포츠들을 좋아한다.
Te **gusta** el fútbol. 너는 축구를 좋아한다.	Te **gustan** los deportes. 너는 스포츠들을 좋아한다.
Le **gusta** el fútbol. 그는/그녀는/당신은 축구를 좋아한다.	Le **gustan** los deportes. 그는/그녀는/당신은 스포츠들을 좋아한다.
Nos **gusta** el fútbol. 우리들은 축구를 좋아한다.	Nos **gustan** los deportes. 우리는 스포츠들을 좋아한다.
Os **gusta** el fútbol. 너희들은 축구를 좋아한다.	Os **gustan** los deportes. 너희들은 스포츠들을 좋아한다.
Les **gusta** el fútbol. 그들은/그녀들은/당신들은 축구를 좋아한다.	Les **gustan** los deportes. 그들은/그녀들은/당신들은 스포츠들을 좋아한다.

A: ¿Te **gusta** el fútbol? 너 축구 좋아하니?

B: Sí, me **gusta**. 그래, 좋아해.

(2) encantar 아주 좋아하다의 의미로 gustar보다 좋아하는 정도가 더 강함을 뜻한다.

A: Te **encanta** nadar, ¿verdad? 너는 수영을 아주 좋아하지, 그렇지?

B: Sí, me **encanta**. 그래, 아주 좋아해.

(3) 의미를 분명히 하거나 강조하고 싶을 때 간접 목적어의 중복형 'a + 인칭대명사' 혹은 'a + 명사'를 덧붙인다.

A mí me gusta el baloncesto. 나는 농구를 좋아한다.

A los chicos les encanta jugar al béisbol. 소년들은 야구하는 것을 정말 좋아한다.

3. 100 이상의 수

백	100	cien(to)
이백	200	doscientos
삼백	300	trescientos
사백	400	cuatrocientos
오백	500	quinientos
육백	600	seiscientos
칠백	700	setecientos
팔백	800	ochocientos
구백	900	novecientos
천	1.000	mil
만	10.000	diez mil
십만	100.000	cien mil
백만	1.000.000	un millón
천만	10.000.000	diez millones
억	100.000.000	cien millones
십억	1.000.000.000	mil millones

백억	10.000.000.000	diez mil millones
천억	100.000.000.000	cien mil millones
조	1.000.000.000.000	un billón

(1) 스페인어에서는 천 단위에 점(.)을 찍고 소수를 쓸 때 쉼표(,)를 찍는다.

1.000.000.000 mil millones 10억

0,1 cero coma uno 영 점 일(0.1)

(2) 200 이상의 백 단위 수는 뒤에 오는 명사와 성수 일치하며, 백 단위와 명사 사이에 다른 숫자가 있어도 성수 일치시켜야 한다.

trescientos sesenta y cinco días 365일

quinientas veinticinco páginas 525페이지

(3) mil은 수사로 쓰일 때는 형태 변화가 없지만, '수천 개의'라는 의미로 명사를 수식할 경우 복수형을 쓰고 전치사 de를 수반한다.

mil cien espectadores 1,100명의 관중들

miles de televidentes 수천 명의 시청자들

(4) 1.000.000은 un millón이라고 하고, 2.000.000 이상부터는 dos millones처럼 복수형을 쓰며, 명사를 수식하는 경우에는 전치사 de를 수반한다.

un millón doscientos euros 1,000,200 유로

cien millones de wones 1억 원

un millón de gracias. 무척 감사 드립니다.

(5) 큰 숫자는 세 자리씩 끊어 읽는다.

123.456.089.301 euros

ciento veintitrés **mil** cuatrocientos cincuenta y seis **millones** ochenta y nueve **mil** trescientos un euros

문화도 배우고 가자!

스페인 인기 스포츠

스페인 사람들은 다양한 스포츠를 즐기며, 지방 고유의 재미있는 스포츠도 즐긴다. 통상 축구가 가장 인기있는 스포츠로 마드리드를 거점으로 하는 '레알 마드리드(1902년 창립)'와 바르셀로나를 거점으로 하는 '바르셀로나(1899년)' 간의 경기는 가장 뜨거운 시합으로 알려져 있다. 축구 외에도 농구, 사이클, 핸드볼, 테니스 등이 대중적인 인기 스포츠다. 레알 마드리드 구장에서 축구경기가 있는 날은 마드리드에서 가장 길고 넓은 도로 양편으로 상·하행 각각 한 개 차선을 제외하고는 다 주차를 하는데 아무도 불평하지 않는다.

스페인 축구 문화

스페인 축구 리그(La Liga)는 크게 1부 리그인 쁘리메라 디비시온(Primera División), 2부 세군다 디비시온 A(Segunda División A), 3부격인 세군다 디비시온 B(Segunda División B), 4부 리그인 떼르세라 디비시온(Tercera División)으로 구성된다. 1부 20개 구단, 2부 22개 구단, 지역 리그로서 4개 그룹으로 나누어진 3부 80개 구단, 17개 지역 리그로 구성된 4부 340개 구단이 소속되어 있어 총 등록 구단 수가 세계에서 가장 많다. 1부 리그의 경우 정규 시즌을 마친 뒤 하위 3개 구단은 2부 리그로 강등되고, 2부 리그의 상위 3개 구단이 자동으로 1부 리그로 승격한다. 한편 스페인 사람들은 매주 15개 경기(1부 10경기, 2부 5경기로 구성)의 승패를 알아 맞추는 축구 복권인 라 끼니엘라(la quiniela)에 열광한다. 라 끼니엘라 외에도 로또(loto)라고 하는 49개 숫자 중 6개 숫자를 알아 맞추는 복권에도 열광적인 모습을 보인다.

LECCIÓN 8

스페인어로 말해보자!

1. ACTIVIDADES EN TU TIEMPO LIBRE

Pregunta a tu compañero/a:

¿Qué actividades te gusta hacer en tu tiempo libre?

Comenta los gustos de tu compañero/a a la clase.

2. DEPORTES

Pregunta a tu compañero/a:

¿Cuál(es) es(son) tu(s) deporte(s) favorito(s)? ¿Por qué?

memorándum

LECCIÓN 9

ACTIVIDADES COTIDIANAS

일상활동

A. ACTIVIDADES DIARIAS 일상활동

Profesora: Buenos días, muchachos. ¿Cómo estáis?
교수: 안녕, 여러분, 어떻게 지내요?

Estudiantes: Buenos días, profesora.
학생들: 안녕하세요, 교수님.

Profesora: El tema de la clase de hoy es "actividades cotidianas".
교수: 오늘 수업의 주제는 '일상활동'입니다.

Vocabulario

actividad f. 활동, 업무, 행사
diario/a adj. 매일의, 날마다의
tema m. 주제
cotidiano/a adj. 매일의, 일상의

Masako: Profesora, ¿qué significa "cotidianas"?
마사코: 교수님, '일상'이 무슨 뜻인가요?

Profesora: "Cotidianas" es sinónimo de "diarias", significa 'todos los días'. ¿Qué actividades hacéis todos los días?
교수: '일상'이란 '날마다'의 동의어인데 '매일'이라는 뜻입니다. 여러분들은 매일 어떤 활동을 하나요?

Joao: Venir a la universidad, estudiar, trabajar, hacer ejercicio...
호아오: 학교 오고, 공부하고, 일하고, 운동하고...

Profesora: Sí, ¿qué más?
교수: 그래요. 다른 거는요?

Daniel: Comer, ir de compras, charlar con los amigos...
다니엘: 먹고, 쇼핑하고, 친구들과 이야기 하고...

Profesora: Sí, muy bien, muchachos. También hay actividades como despertarse, levantarse, bañarse, vestirse, etc. La actividad del día de hoy es hacer una entrevista a dos personas sobre sus actividades cotidianas. Tenéis que entrevistar a personas fuera del aula.
교수: 네, 매우 좋아요, 여러분. 그 외에도 잠에서 깨고, 일어나고, 샤워하고, 옷을 입는 등의 활동이 있어요. 오늘의 활동은 두 사람에게 그들의 일상활동에 대해 인터뷰를 하는 겁니다. 교실 밖으로 나가서 사람들에게 인터뷰를 해야 해요.

Estudiantes: Sí, profesora.
학생들: 네, 교수님

Vocabulario

significa v. significar(의미하다)의 직설법 현재 3인칭 단수
sinónimo m. 비슷한 말, 동의어
trabajar v. 일하다
hacer ejercicio 운동하다
charlar v. 이야기를 나누다
despertarse v. (잠에서) 깨다
levantarse v. 일어나다
bañarse v. 목욕하다
vestirse v. 옷입다
aula f. 교실

B. ENTREVISTA FORMAL 격식을 갖춘 인터뷰

Manse: Buenos días. ¿Puedo hacerle una entrevista sobre actividades cotidianas? Es para mi clase de español.

만세: 안녕하세요. 일상생활에 대해서 인터뷰를 할 수 있을까요? 저의 스페인어 수업을 위한 겁니다.

Señora: Buenos días, claro.

네: 안녕하세요, 물론이지요.

Manse: ¿A qué hora se despierta entre semana?

만세: 주중에는 몇 시에 잠에서 깨나요?

Señora: De lunes a viernes me despierto a las siete pero me levanto quince minutos después.

부인: 월요일부터 금요일까지 일곱 시에 잠에서 깨지만 십오 분 뒤에 자리에서 일어납니다.

Manse: Y después de levantarse, ¿qué hace?

만세: 잠자리에서 일어난 뒤 무엇을 하시나요?

Señora: Me arreglo: primero me ducho, después me visto, me maquillo y por último me peino. Después desayuno, me cepillo

Vocabulario

- formal adj. 공식적인, 격식 있는
- entre semana adv. 주중에, 평일에
- se despierta v. despertarse(잠에서 깨다)의 직설법 현재 3인칭 단수
- quince m. 15 adj. 15번째의
- después adv. 이후에, 나중에
- me arreglo v. arreglarse(치장하다, 몸단장하다)의 직설법 현재 1인칭 단수
- me ducho v. ducharse(샤워하다)의 직설법 현재 1인칭 단수
- me visto v. vestirse(옷을 입다)의 직설법 현재 1인칭 단수
- me maquillo v. maquillarse(화장하다)의 직설법 현재 1인칭 단수
- me peino v. peinarse(머리빗다)의 직설법 현재 1인칭 단수
- desayuno v. desayunar(아침을 먹다)의 직설법 현재 1인칭 단수
- me cepillo v. cepillarse(빗질하다, 솔질하다)의 직설법 현재 1인칭 단수

los dientes y salgo a trabajar a las ocho.

부인: 단장을 해요. 먼저 샤워하고 옷을 입고 화장하고 마지막으로 머리를 빗지요. 그 다음 아침을 먹고 이를 닦고 여덟 시에 출근합니다.

Manse: ¿A qué hora regresa a casa?

만세: 몇 시에 귀가하시나요?

Señora: Regreso a las seis.

부인: 여섯 시에 귀가합니다.

Manse: Bien, la última pregunta, ¿a qué hora se acuesta?

만세: 그렇군요. 마지막 질문입니다. 밤에 몇 시에 잠자리에 드시나요?

Señora: Me acuesto alrededor de las once de la noche.

부인: 열한 시경에 잠자리에 들어요.

Manse: Muchas gracias.

만세: 대단히 감사합니다.

Señora: De nada, hasta luego.

부인: 천만에요. 안녕히 가세요.

Vocabulario

diente m. 이빨, 치아

último/a adj. 최종의, 마지막의, 최신의

pregunta f. 질문

se acuesta v. acostarse(잠자다)의 직설법 현재 3인칭 단수

alrededor de -의 주변에(공간), -경에(시간)

C. ENTREVISTA INFORMAL 비격식적 인터뷰

Manse: Hola, ¿puedo hacerte algunas preguntas para mi tarea de español?
만세: 안녕, 내 스페인어 숙제를 위해 몇 가지 질문을 해도 되니?

Joven: Sí.
청년: 응.

Manse: ¿Qué actividades haces los fines de semana?
만세: 주말에는 어떤 활동을 하니?

Joven: Los sábados generalmente salgo y los domingos me quedo en casa para descansar.
청년: 토요일에는 대개 외출하고 일요일에는 쉬기 위해 집에 머물러.

Manse: ¿Con qué frecuencia vas al cine?
만세: 영화관에는 얼마나 자주 가니?

Joven: Dos veces al mes.
청년: 한 달에 두 번.

Manse: ¿Haces la compra?

Vocabulario

- informal adj. 비공식적인, 비격식적인
- fin de semana 주말
- sábado m. 토요일
- salgo v. salir(나가다)의 직설법 현재 1인칭 단수
- domingo m. 일요일
- me quedo v. quedarse(머무르다, 있다)의 직설법 현재 1인칭 단수
- descansar v. 쉬다
- frecuencia f. 주기, 주기적임, 빈번함
- mes m. 달, 월

만세: 장 보러 가니?

Joven: Sí, normalmente los sábados.
청년: 응, 주로 토요일에.

Manse: ¿Cocinas?
만세: 요리는?

Joven: A veces.
청년: 가끔.

Manse: ¿Haces ejercicio?
만세: 운동해?

Joven: No, nunca, no tengo tiempo.
청년: 아니, 전혀. 시간이 없어.

Manse: Gracias, hasta luego.
만세: 고마워, 다음에 보자.

Vocabulario

cocinas v. cocinar(요리하다, 삶다)의 직설법 현재 2인칭 단수

a veces 가끔

nunca adv. 결코 (-가 아니다)

LECCIÓN 9

 이것만은 알아두자!

1. 재귀동사

(1) 동작의 영향이나 결과가 주어 자신에게 미치는 것을 나타내는 동사로 재귀대명사와 함께 쓰인다.

	Lavarse 씻다
Yo	**Me** lavo las manos. (내가) 손을 씻는다.
Tú	**Te** lavas las manos. (네가) 손을 씻는다.
Él, Ella, Ud.	**Se** lava las manos. (그가/그녀가/당신이) 손을 씻는다.
Nosotros(-as)	**Nos** lavamos las manos. (우리가) 손을 씻는다.
Vosotros(-as)	**Os** laváis las manos. (너희들이) 손을 씻는다.
Ellos, Ellas, Uds.	**Se** lavan las manos. (그들이/그녀들이/당신들이) 손을 씻는다.

(2) 동일 동사가 타동사로도 쓰이고 재귀대명사와 함께 재귀동사로도 쓰이는 경우가 많다.

acostar 재우다 ⇒ acostarse 자러 가다
afeitar 면도해주다 ⇒ afeitarse 면도하다
arreglar 정리하다 ⇒ arreglarse 몸단장하다
casar 결혼시키다 ⇒ casarse 결혼하다
cepillar 솔질하다 ⇒ cepillarse (이를) 닦다
despertar 깨우다 ⇒ despertarse 깨다
duchar 샤워시키다 ⇒ ducharse 샤워하다
lavar 씻기다 ⇒ lavarse 씻다
llamar 부르다 ⇒ llamarse (이름이) ~이다
levantar 들다 ⇒ levantarse 일어나다
maquillar 화장해주다 ⇒ maquillarse 화장하다
sentar 앉히다 ⇒ sentarse 앉다

peinar 머리 빗겨주다 ⇒ peinarse 머리 빗다

poner 놓다 ⇒ ponerse 입다, 신다

quitar 없애다 ⇒ quitarse 벗다

vestir 옷을 입히다 ⇒ vestirse 옷을 입다

A: ¿A qué hora te **despiertan** tus padres entre semana?
주중에는 부모님이 너를 몇 시에 깨우시니?

B: Me **despiertan** a las siete. 7시에 깨우셔.

A: ¿A qué hora **te despiertas** entre semana? (너는) 주중에 몇 시에 일어나니?

B: **Me despierto** a las siete. (나는) 7시에 일어나.

2. 일상생활과 관련된 표현

ir de compras 쇼핑하다

desayunar 아침 식사를 하다

almorzar 점심 식사를 하다

cenar 저녁 식사를 하다

ir al trabajo 출근하다

trabajar 일하다

ir a la escuela/universidad 학교/대학교에 가다

hacer labores domésticas 집안 일을 하다

cocinar 요리하다

preparar (comida) (음식을) 준비하다

aspirar 청소기를 돌리다

limpiar 청소하다

hacer los deberes/la tarea 숙제 하다

descansar 쉬다

ir a la cama 자러 가다

dormir 자다

dormir la siesta 낮잠을 자다

hacer ejercicio 운동을 하다

practicar (un deporte) (운동을) 하다

3. 빈도 표현

a diario 매일, 날마다

todos los días 매일, 날마다

una vez al día / por día 하루에 한 번

dos veces a la semana / por semana 일주일에 두 번

tres veces al mes / por mes 한 달에 세 번

muchas veces 여러 번, 자주

varias veces 수 차례, 몇 번

raras veces 거의 드물게

otra vez 다시, 재차

a veces / algunas veces 때때로, 어쩌다

nunca 결코 (~ 아니다), 한 번도 (~ 아니다)

casi nunca 거의 한 번도 (~아니다)

siempre 항상

frecuentemente 자주, 빈번히

a menudo 종종, 가끔씩

usualmente / normalmente 일반적으로, 보통은

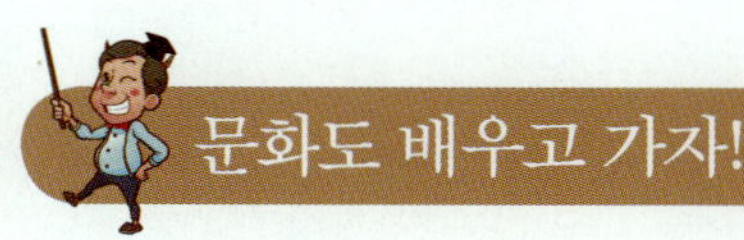

스페인 사람들의 낙천적 사고

스페인 사람들의 일상 생활을 들여다 보면 '느림의 미학' 또는 '여유의 미학'이 생활 속에 담겨 있다. 이는 라틴 민족성(이탈리아, 포르투갈, 프랑스 및 루마니아 등 로망스 언어 계통 국가들의 정체성)이 그대로 삶의 전반에 나타나고 있기 때문이다. 친구를 좋아하고, 가족 간에 우애가 깊고 매사에 낙천적인 사고를 보인다.

인터뷰 팁

인터뷰는 생활과 관련된 내용도 중요하지만, 더 중요한 것은 대학 1학년 때부터 평소에 꾸준히 사회에 적응하기 위한 인터뷰도 정리해 두면 좋다. 내공이 쌓인 경험과 지식이 겸비된 인터뷰는 성공으로 귀결되기 때문이다.

인터뷰 관련해서 몇 가지는 항상 준비해 두자. 2~3분용 자기소개(presentación), 전공과(especialidad)과 부전공(subespecialidad), 자신의 강점(fortaleza)과 약점(debilidad) 등에 대해 영어와 기타 외국어로 준비해 두자. 준비된 자를 이기는 자는 아무도 없다.

스페인어로 말해보자!

ACTIVIDADES COTIDIANAS

Pregunta a tu compañero/a qué actividades hace entre semana y el fin de semana.

Entre semana/los fines de semana
por la mañana/tarde/noche
Hago... / voy a...

Comenta a la clase las respuestas de tu compañero/a.

memorándum

LECCIÓN 10

EL MUSEO DEL PRADO

프라도 박물관

A. UNA INVITACIÓN 초대

Mónica: Manse, ¿qué estás haciendo?
모니까: 만세, 뭐 하고 있니?

Manse: Estoy planeando una visita al Museo del Prado con Daniel. ¿Quieres venir con nosotros?
만세: 다니엘과 프라도 박물관을 방문하려고 해. 우리와 같이 갈래?

Vocabulario

museo m. 박물관, 미술관

planeando v. planear(계획하다)의 현재분사

Mónica: Sí, es un lugar increíble.
모니카: 그래, 놀라운 곳이야.

Manse: Sobre todo quiero ver las obras de Francisco de Goya, Velázquez y de El Greco. Además, ahora hay una exposición llamada "El Greco y la pintura moderna".
만세: 무엇보다도 프란시스꼬 데 고야와 벨라스께스, 엘 그레꼬의 작품을 보고 싶어. 게다가 지금 '엘 그레꼬와 현대미술'이라는 전시회가 있어.

Mónica: La colección de Goya es inmensa, tenemos que llegar temprano para tener tiempo de ver todas las obras. Yo seré vuestra guía.
모니카: 고야의 콜렉션은 엄청나. 모든 작품을 볼 시간을 가지려면 일찍 도착해야 해. 내가 너희들의 안내자가 돼줄게.

Manse: De acuerdo. Ahora llamo a Daniel para invitarle.
만세: 좋아. 다니엘에게 전화해서 초대할게.

Mónica: ¿Puedes comprar las entradas por teléfono o a través de internet? Así no tenemos que esperar en la taquilla mucho tiempo.
모니카: 전화나 인터넷으로 입장권을 살 수 있니? 그러면 매표소에서 많이 기다리지 않아도 되잖아.

Manse: Muy bien. Después de hablar con Daniel, llamo para comprarlas.
만세: 아주 좋아. 다니엘과 이야기를 한 뒤, 표를 사기 위해 전화를 걸게.

Mónica: Gracias.
모니카: 고마워.

Vocabulario

- **exposición** f. 전시, 전람회
- **llamado/a** adj. 지칭되는, 불리우는, llamar (부르다)의 과거분사
- **pintura** f. 그림, 회화
- **colección** f. 모음, 수집품
- **inmenso/a** adj. 끝이 없는, 매우 큰
- **temprano** adv. 일찍
- **guía** m.f. 안내자, 가이드
- **invitar** v. 초대하다, -하게 권유하다
- **entrada** f. 입장권
- **a través de** -을 통해
- **taquilla** f. 매표소

B. EN EL TELÉFONO 전화걸기

Daniel: ¿Diga?
다니엘: 여보세요.

Manse: Hola, Daniel. Soy yo, Manse.
만세: 안녕, 다니엘. 나야, 만세.

Daniel: Hola, ¿qué tal?
다니엘: 안녕, 어떻게 지내니?

Manse: Bien. ¿Y tú? ¿Qué estás haciendo?
만세: 좋아. 너는? 뭐 하니?

Daniel: Uf, estoy trabajando.
다니엘: 아휴, 일하고 있어.

Manse: Pobrecito.
만세: 안됐다.

Daniel: No pasa nada. Ya me queda muy poco.
다니엘: 괜찮아. 이제 얼마 안 남았어.

Manse: Te llamo para invitarte al Museo del Prado pasado mañana.
만세: 내일 모레 프라도 박물관에 너를 초대하려고 전화하는 거야.

Vocabulario

- pobrecito/a m. f. 불쌍한 것(pobre의 축소사)
- queda v. quedar(남다, 약속을 정하다)의 직설법 현재 3인칭 단수
- pasado mañana 모레

Daniel: ¡Qué bien!
다니엘: 좋아.

Manse: Perfecto.
만세: 잘 됐네.

Daniel: Bien, ¿qué te parece si quedamos en el museo?
다니엘: 박물관에서 만나는 게 어때?

Manse: Me parece bien, te llamo después para confirmar la hora. Adiós.
만세: 좋아. 나중에 시간을 확인하기 위해 너에게 전화할게. 안녕

Vocabulario

perfecto adj. 완벽한
confirmar v. 확인하다, 확고히 하다

C. LLAMANDO AL MUSEO DEL PRADO 프라도 박물관에 전화를 걸면서

Señor: ¿Sí?
남자: 여보세요?

Manse: Buenas tardes, ¿llamo al Museo del Prado?
만세: 안녕하세요, 프라도 박물관인가요?

Señor: No, está equivocado.

남자: 아니요, 잘못 거셨어요.

Manse: Lo siento.
만세: 죄송합니다.

Señor: No hay problema.
남자: 괜찮아요.

(Marca otra vez. 번호를 다시 누른다.)

Grabación: Bienvenido, está usted llamando al Museo del Prado. Para información sobre horarios y precios, uno; para compra de entradas, dos; para información sobre exposiciones, tres.
자동응답: 환영합니다. 여기는 프라도 박물관입니다. 시간표와 요금에 대한 정보는 1번, 입장권 구매에 대한 정보는 2번, 전시회 정보에 대해서는 3번.

Señorita: Museo del Prado, venta de entradas.
직원: 프라도박물관, 입장권 판매입니다.

Manse: Buenas tardes, quiero comprar entradas para visitar el museo pasado mañana.
만세: 안녕하세요, 모레 박물관을 방문하기 위해 입장권을 사려고 합니다.

Señorita: Sí, ¿para cuántas personas?
직원: 네, 몇 사람인가요?

Manse: Somos 3 personas.
만세: 세 사람입니다.

Señorita: Bien, ¿puede decirme su número de tarjeta de crédito?
직원: 좋아요. 신용카드번호 말씀해 주실래요?

Manse: Es Visa, el 4337 1234 0098 7654.
만세: 비자카드입니다. 4337 1234 0098 7654예요.

Señorita: Ya está. Muchas gracias.
직원: 됐습니다. 대단히 감사합니다.

Vocabulario

equivocado/a adj. 잘못된, 착오의
problema m. 문제
marca v. marcar(누르다, 정하다, 표시하다)의 직설법 현재 3인칭 단수
crédito m. 신용
tarjeta de crédito 신용카드
venta f. 판매

 이것만은 알아두자!

1. 현재진행형

(1) 현재분사는 '-ar'동사는 '-ando'를 붙이고, '-er'동사와 '-ir'동사는 '-iendo'를 붙여서 만든다.

-ar동사: **-ando**	llamar 부르다, 전화하다 ⇒ llam**ando** trabajar 일하다 ⇒ trabaj**ando**
-er/-ir동사: **-iendo**	ver 보다 ⇒ v**iendo**, vivir 살다 ⇒ viv**iendo** hacer 하다, 만들다 ⇒ hac**iendo**

(2) 불규칙 현재분사형을 가진 동사는 모음 '-e-'가 '-i-'로 변하는 경우와 '-o-'가 '-u-'로 변하는 경우, 그리고 모음과 모음 사이에 '-y-'가 첨가되는 경우로 구분된다.

불규칙 유형	변화 형태
① -e->-i-	decir 말하다 ⇒ **diciendo**, venir 오다 ⇒ **viniendo**
② -o->-u-	poder할 수 있다 ⇒ **pudiendo**, dormir 자다 ⇒ **durmiendo**
③ -y-	ir가다 ⇒ **yendo**, leer 읽다 ⇒ **leyendo**

(3) 'estar + 현재분사' '~하고 있는 중이다'는 현재 진행 중인 동작을 강조한다.

인칭과 수	현재 진행형
Yo	**Estoy** trabaj**ando**. (내가) 일하고 있는 중이다.
Tú	**Estás** trabaj**ando**. (네가) 일하고 있는 중이다.
Él, Ella, Ud.	**Está** trabaj**ando**. (그가/그녀가/당신이) 일하고 있는 중이다.
Nosotros(-as)	**Estamos** trabaj**ando**. (우리가) 일하고 있는 중이다.
Vosotros(-as)	**Estáis** trabaj**ando**. (너희가) 일하고 있는 중이다.
Ellos, Ellas, Uds.	**Están** trabaj**ando**. (그들이/그녀들이/당신들이) 일하고 있는 중이다.

LECCIÓN 10

A: ¿Qué estás haciendo? (너는) 무엇을 하고 있는 중이니?

B: Estoy trabajando. 나는 일하고 있는 중이야.

(4) 현재분사가 목적격 대명사와 함께 쓰일 경우 활용된 동사 앞에 쓸 수도 있고, 현재분사 뒤에 붙여 쓸 수도 있다.

Te estoy llamando. (내가) 네게 전화를 거는 중이야.

= Estoy llamándote.

2. 초대 표현

(hacer) una invitación 초대(하다)

Invitar a (el cine, el teatro, comer, una fiesta, etc.) (영화, 연극, 식사, 파티 등에) 초대하다

¿Quieres...? / ¿Salimos...? / ¿Vamos a...? ~ 원하니? ~하러 나갈래? ~에 갈래?

¿Tomamos/bebemos algo? 뭐 좀 마실까?

¿Por qué no...? 우리 ~하는 거 어때?

¿Vamos a...? 우리 ~에 하는 거 어때?

¿Qué te parece si...? ~하는 게 어때?

¿Te gustaría...? ~하면 좋겠니?

Te invito. 내가 낼게.

Yo pago. 내가 낼게.

Aceptar una invitación 초대를 수락하다

Vale. 좋아.

De acuerdo. 좋아.

Me parece bien / perfecto / estupendo. 좋아.

Rechazar una invitación 초대를 거절하다

Lo siento, no puedo. 미안, 안 될 것 같아.

Lo siento, es imposible. 미안, 불가능해.

No puedo, es que... ~ 때문에 못해.

3. 전화 표현

contestar el teléfono 전화 받다

ponerse (al teléfono) (전화를) 하다

colgar (el teléfono) (전화를) 끊다

marcar (un número) (전화를) 걸다

equivocarse (de número) (번호를) 틀리다

teléfono fijo 유선 전화

teléfono móvil/celular 휴대폰

teléfono público 공중 전화

dejar un recado/mensaje 메시지를 남기다

llamar después 나중에 전화하다

llamar más tarde 나중에 전화하다

llamada local 시내 전화

llamada internacional 국제 전화

línea ocupada 통화 중

(línea) fuera de servicio 사용하지 않는 번호

contestadora automática 자동응답기

¿Bueno? 여보세요?

¿Sí? 네?

¿Diga? 여보세요?

¿Dígame? 여보세요?

¿Me escucha(s)? 들리세요?

¿Podría hablar con...? ~와 통화할 수 있을까요?

¿Puedo hablar con...? ~와 통화 가능한가요?

¿De parte de quién? 누가 거신 건가요?

¿Quién (le) llama? 누구신가요?

(La persona) no está. ~가 없다.

(La persona) no se encuentra. ~가 없다.

Un momento, ahora contesta. 잠시만요, 지금 받아요.

Un momento, ahora se pone. 잠시만요, 지금 받을거에요.

En este momento (la persona) está ocupada. 지금은 바쁩니다.

LECCIÓN 10

문화도 배우고 가자!

스페인 사람들의 예술 사랑

스페인은 예술의 나라라고 할 수 있다. 특히 미술 부문은 고야, 벨라스께스, 엘 그레꼬, 후안 미로, 살바도르 달리, 피카소 등 뛰어난 화가들이 많다. 세계에서 가장 유명한 미술관 중의 하나인 프라도 박물관은 오늘도 전 세계에서 온 관광객들의 발길이 이어진다. 피카소의 유명한 작품인 '게르니카'는 레이나 소피아 국립미술관에 소장되어 있다.

마드리드의 프라도 박물관 외에도 스페인은 지방자치단체별로 지방 고유 예술을 보존하는 미술관이 다수 있다. 특히 빌바오는 '구겐하임 미술관'을 개관함으로써 삭막한 도시 이미지를 예술친화적 생태 공간으로 변모시키는데 일조했다. 이 외에도 바르셀로나에는 천재 건축가인 가우디가 설계한 '성가족성당'과 '구엘공원' 등이 있다.

프라도 박물관

레이나 소피아 국립미술관

빌바오 구겐하임

스페인어로 말해보자!

CONVERSACIÓN TELEFÓNICA

Elabora un diálogo telefónico con tu compañero/a:

A	B
1. Llamas por teléfono a tu amigo/a; saludas.	
	2. Contestas el teléfono y saludas a tu amigo/a.
3. Preguntas a tu amigo/a qué hace.	
	4. Respondes.
5. Invitas a tu amigo/a a un lugar.	
	6. Aceptas la invitación.
7. Quedas con tu amigo/a (lugar/hora/día, etc.).	
	8. Te despides.

LECCIÓN 11

DE VIAJE POR ESPAÑA

스페인 여행

A. PLAN DE VIAJE 여행 계획

Manse: Este fin de semana voy a ir a Toledo y de ahí, a Santiago de Compostela.
만세: 이번 주말에 똘레도로 가서 거기서 산띠아고 데 꼼뽀스뗄라로 갈 거예요.

Antonio: Son dos lugares preciosos con catedrales impresionantes.
안또니오 씨: 인상적인 성당이 있는 아름다운 두 장소로구나.

Manse: En Toledo, voy a subir al Mirador del Valle.

Vocabulario

catedral m. 대성당
impresionante adj. 인상적인
subir v. 올라가다
mirador m. 전망대

만세: 똘레도에서는 미라도르 델 바예에 올라갈 거예요.

Antonio: Sí, la vista es simplemente espectacular y al atardecer, te recomiendo caminar por el puente de Alcántara.
안또니오 씨: 그래, 전망이 정말 장엄하고 해질 무렵에는 알깐따라 다리를 걸어 보라고 추천한다.

Pilar: Tienes que probar el mazapán, es algo típico de la región de Toledo.
삘라르 부인: 마사빤을 먹어봐. 똘레도 지역의 전통적인 거야.

Antonio: Sí, y en Galicia, el pulpo a la gallega.
안또니오 씨: 그래, 그리고 갈리시아에서는 갈리시아식 문어를 먹어 보거라.

Mónica: ¿Vas a recorrer la ruta del camino de Santiago?
모니까: 까미노 데 산띠아고 길을 걸을 거니?

Manse: Sí, quiero hacer la ruta sureste.
만세: 응, 동남부 루트를 해보고 싶어.

Antonio: Es una experiencia inolvidable: historia, naturaleza, deporte y vas a conocer a mucha gente.
안또니오 씨: 잊을 수 없는 경험이지. 역사, 자연, 스포츠 그리고 많은 사람을 알게 될 거야.

Pilar: Te vas a divertir mucho.
삘라르 부인: 많이 즐거울 거란다.

Vocabulario

valle m. 골짜기
vista f. 전망, 시선
simplemente adv. 단순하게, 간단하게
espectacular adj. 화려한, 장엄한
atardecer m. 해질녘, 해가 질 무렵
puente m. 다리(橋)
probar v. 시도하다, 먹어보다, 입어보다
región f. 지역
recorrer v. 돌아다니다
ruta f. 경로, 길
sureste adj. 남동쪽의
experiencia f. 경험
inolvidable adj. 잊지 못할
naturaleza f. 자연
divertirse v. 즐기다

B. EL CLIMA 기후

Javier: ¿Estás listo para tu viaje?
하비에르: 여행 준비 다 했니?

Manse: Casi, estoy empacando.
만세: 거의, 짐 싸고 있어.

Javier: Vamos a ver el pronóstico del tiempo... Mira, en el periódico dice que el fin de semana va a ser caluroso en Toledo. El sábado el cielo va a estar despejado con una temperatura mínima de 16 grados y una máxima de 29 grados. El domingo, la temperatura mínima va a ser de 14 grados y la máxima de 32.
하비에르: 일기 예보를 보자... 자 봐. 신문에서 주말에 똘레도가 덥다고 해. 토요일에 최저기온 16도, 최고 29도로 하늘이 맑다고 해. 일요일에는 최저기온이 14도고 최고기온은 32도야.

Javier: ¿Llevas protector solar?
하비에르: 선크림 가져가니?

Manse: Sí, ¿y en Galicia?

Vocabulario

- clima m. 기후
- empacando v. empacar(짐을 싸다, 짐을 꾸리다)의 현재분사
- mira v. mirar(쳐다보다)의 2인칭 명령형
- periódico m. 신문
- cielo m. 하늘
- despejado/a adj. 갠, 맑은
- temperatura f. 온도
- mínimo/a adj. 최저의, 최소의
- grado m. 도, 도수, 정도
- máximo/a adj. 최고의, 최대의
- protector m. 보호제, 보호물
- solar adj. 태양의

만세: 응, 그럼 갈리시아는?

Javier: Mmm, déjame ver. Aquí está. Durante la semana el cielo va a estar nublado con algunas lluvias ligeras y va a hacer un poco de viento.
하비에르: 음, 자 볼게... 여기 있다. 일주일 동안 하늘에 구름이 끼면서 비가 좀 오고 바람이 약간 불 거야.

Javier: ¿Tienes impermeable?
하비에르: 비옷 있니?

Manse: No, ¿puedes prestarme uno?
만세: 아니, 나에게 하나 빌려줄 수 있어?

Javier: Sí, mira, tengo este.
하비에르: 그래, 봐봐, 이걸 가지고 있어.

Manse: Listo, ya tengo todo.
만세: 좋아. 다 준비 했어.

Vocabulario

déjame v. dejar(내버려두다)의 2인칭 명령형 (me 나에게)
durante adv. ~동안
nublado/a adj. 구름 낀
lluvia f. 비
ligero/a adj. 약한, 가벼운
viento m. 바람
impermeable m. 비옷
prestar v. 빌려주다

C. EN EL ALBERGUE 숙소에서

Peregrino: Hola, ¿de dónde eres?
순례자: 안녕, 어디서 왔니?

Manse: Soy coreano.
만세: 한국 사람이야.

Peregrino: ¿Estás viajando solo por España?
순례자: 혼자서 스페인을 여행하고 있니?

Manse: Ahora sí.
만세: 그래.

Peregrino: No te preocupes, aquí vas a conocer a muchos peregrinos. Esta es la cuarta vez que hago el recorrido. ¿Ya tienes tu credencial del peregrino?
순례자: 걱정하지마. 여기서 많은 순례자들을 알게 될 거야. 이번이 나의 네 번째 순례야. 순례자 증명서를 갖고 있니?

Manse: No, aún no.
만세: 아니, 아직 없어.

Peregrino: Hay que pedirla, la puedes conseguir en este albergue y al final pides

Vocabulario

- albergue m. 숙소, 보호소, 피난처
- peregrino/a m.f. 순례자
- preocupes v. preocupar(걱정시키다)의 2인칭 단수 부정명령형
- preocuparse 걱정하다
- conocer v. 알다
- cuarto/a adj. 네번째의
- recorrido m. 여정
- credencial m. 보증서, 신용장
- aún adv. 아직
- conseguir v. 얻다, 달성하다

La Compostela, el certificado de recorrido. Mira, aquí hay un folleto con las recomendaciones para el trayecto.

순례자: 그건 요청해야 해. 이 숙소에서 그것을 얻을 수 있고 순례가 끝날 때 순례자 증명서인 라 꼼뽀스뗄라를 요구해. 자, 여기 순례를 위한 권고사항이 있는 팜플렛이 있어.

Manse: A ver, ¿puedo leerlo?

만세: 어디, 볼 수 있어?

Peregrino: Sí, claro.

순례자: 그럼, 물론이지.

Manse: Hay que calentar antes de comenzar a caminar. Durante los primeros días, no hay que caminar más de quince kilómetros. Hay que llevar la documentación. No es recomendable llevar la mochila con más de diez kilos de peso. Hay que llevar un botiquín. Bueno, creo que estoy bien preparado.

만세: 걷기 시작하기 전에 준비 운동을 할 것. 처음 며칠 동안은 15킬로 이상 걷지 말 것. 서류를 지참할 것. 10킬로 이상의 배낭을 메지 말 것. 구급약을 지참할 것. 자, 이제 준비가 잘 되었다고 생각해.

Peregrino: ¡Suerte!

순례자: 행운을 빌어!

Vocabulario

certificado m. 증명서, 확인서
folleto m. 팜플렛, 소책자
trayecto m. 여정, 구간
leer v. 읽다
calentar v. 데우다, 워밍업하다
antes de –전에
comenzar v. 시작하다
documentación f. 서류, 증명서
recomendable adj. 추천할 만한
mochila f. 배낭
peso m. 무게
botiquín m. 구급상자
suerte f. 행운

순례자 증명서(credencial del peregrino)

LECCIÓN 11

이것만은 알아두자!

1. Ir동사

Yo	**Voy** a casa. (내가) 집에 간다.
Tú	**Vas** a casa. (네가) 집에 간다.
Él, Ella, Ud.	**Va** a casa. (그가/그녀가/당신이) 집에 간다.
Nosotros(-as)	**Vamos** a casa. (우리가) 집에 간다.
Vosotros(-as)	**Vais** a casa. (너희들이) 집에 간다.
Ellos, Ellas, Uds.	**Van** a casa. (그들이/그녀들이/당신들이) 집에 간다.

(1) Ir a + 장소: '~로 가다'

A: ¿Vamos a Toledo? (우리) 똘레도에 갈까?

B: Sí, vamos. 그래, 가자.

(2) Ir + 전치사 + 이동수단

ir a pie 걸어가다

ir en autobús/coche/metro/taxi/tren/avión/barco

버스/자동차/지하철/택시/기차/비행기/배로 가다

A: ¿Vamos en autobús? 버스로 갈까?

B: No, vamos en coche. 아니, 차로 가자.

(3) Ir a + 동사원형 '~할 것이다': 미래 표현으로 쓰인다.

A: ¿Qué **vas a hacer** en Santiago de Compostela? 산띠아고 데 꼼뽀스뗄라에서 뭐 할거니?

B: **Voy a recorrer** la ruta del camino de Santiago. 산띠아고 순례길을 걸을 거야.

(4) Vamos a + 동사원형: '~하자'

Vamos a probar el mazapán. 마사빤을 먹어 보자.

2. Hay que + 동사원형

(1) '(누구나) ~해야 한다'라는 의미로 쓰인다.

A: ¿Qué hay que hacer para recorrer la ruta?

순례길을 걸으려면 무엇을 해야 하나요?

B: Hay que pedir una credencial del peregrino.

순례자 증명서를 요청해야 합니다.

(2) 'Tener que + 동사원형'은 주어가 특정인을 지칭하지만, 'hay que + 동사원형'은 일반인을 지칭해서 일반적인 의무나 필요성을 표현한다.

Hay que calentar antes de comenzar a caminar.

(누구든) 걷기 전에 준비 운동을 해야 합니다.

Tienes que calentar antes de comenzar a caminar.

너는 걷기 시작하기 전에 준비 운동을 해야 한다.

3. 날씨표현

¿Qué tiempo hace? 날씨가 어떤가요?

Hace frío. 춥다.

Hace calor. 덥다.

Hace viento/aire. 바람이 분다.

Hace fresco. 선선하다.

Hay niebla. 안개 끼다.

Hay tormenta. 태풍이 친다.

Está soleado. / Hace sol. 햇볕이 좋은 날이다. rayos de sol 햇빛.

Está nublado. / Hay nubes. 구름이 끼었다.

Está nevando. 눈이 내리고 있다. Nieva. 눈이 내린다. copo de nieve 눈송이. muñeco de nieve 눈사람

Está lloviendo. 비가 오고 있다. Llueve. 비가 온다. lluvia 비. lluvioso 비가 잦은.

(El cielo) Está despejado. (하늘이) 맑다.

Está granizando. 우박이 내리고 있다. Graniza. 우박이 내린다. granizo 우박.

Está relampagueando. 번개가 치고 있다. Relampaguea. 번개가 친다. relámpago 번개.

Está tronando. 천둥이 치고 있다. Truena. 천둥이 친다.

¿Qué temperatura hace hoy? 오늘 기온이 어떤가요?

Hace 15 grados. 15도야. grados Celsius 섭씨, grados Fahrenheit 화씨, termómetro 온도계.

Sale el arco iris. 무지개가 뜬다.

문화도 배우고 가자!

스페인과 관광

스페인은 미국, 프랑스와 더불어 세계 3대 관광대국에 속한다. 스페인의 주요 산업은 자동차, 태양광 등 신재생에너지산업, 건설, IT산업, 관광 등이다. 특히 관광산업은 연간 흑자가 300억 유로 이상을 차지하면서 국가전략산업(2014년 GDP의 10% 이상)이자 효자산업이 되고 있다. 스페인 국토는 50만 km^2으로 한반도의 약 2.5배에 달하지만 관광객 유입 수는 인구 수인 4,800만 명을 넘어 약 6,000만 명에 달하면서 프랑스, 미국에 이어 세계 3대 관광대국이다. 스페인의 주요 도시는 수도 마드리드를 비롯해 바르셀로나가 양대 핵심 도시를 형성하고 있으며, 이 외에 인구 50만 명 이상 거주하는 도시는 발렌시아, 세비야, 사라고사, 말라가이다.

스페인 '산티아고 가는 길'

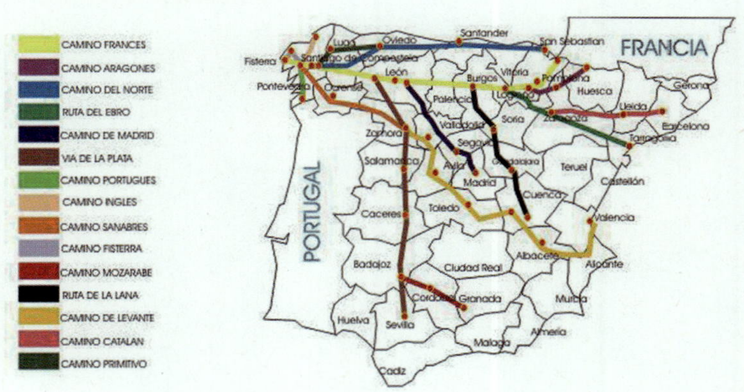

스페인은 지형학적 입지로 인해 역사적으로 수많은 민족들과 교류를 통한 문화 혼재가 이루어졌다. 그리스, 카르타고, 로마, 게르만, 이슬람, 유대, 가톨릭 문화 유산이 도처에 산재해 있다. 남부 안달루시아 지방에서는 이슬람 문화가, 지중해 연안으로는 그리스, 카르타고 문화가, 내륙으로는 로마, 게르만 및 가톨릭 문화가 관광객들의 시선을 머무르게 한다. 특히 갈리시아 지방의 산띠아고 성당을 향해 나아가는 약 800km에 달하는 여러 순례길인 산띠아고 가는 길(Camino de Santiago)은 가톨릭 신자들뿐만 아니라 다양한 사람들이 각자의 목적을 지니고 걷고 또 걷는다. 많은 관광객들이 선호하는 순례길은 '프랑스 길'이지만 최근에는 '북 길'이 인기를 끌고 있다. 이 외에 자신들이 새로운 길을 만들어 나갈 수도 있다.

스페인어로 말해보자!

ESTACIONES DEL AÑO

Conversa con tu compañero/a sobre lo siguiente:

a) ¿Cómo es el clima de tu país/ciudad durante cada una de las cuatro estaciones? ¿Qué fenómenos meteorológicos ocurren generalmente en cada estación?
b) ¿Cuál es tu estación del año preferida? ¿Por qué? ¿Cuál es la estación del año que no te gusta? ¿Por qué?

memorándum

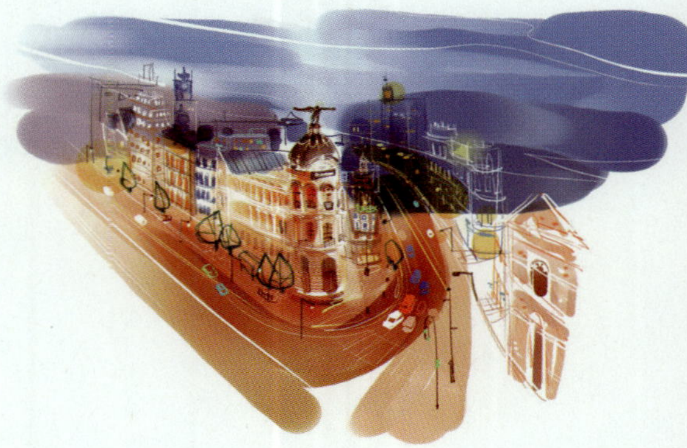

LECCIÓN 12

LA FIESTA DE DESPEDIDA

송별파티

A. DE REGRESO A MADRID 마드리드로 돌아오기

Mónica: Vaya, hombre, has regresado, ¿qué tal ha salido el viaje?
모니카: 어머, 얘, 돌아왔네. 여행은 어땠어?

Manse: Ha sido increíble, he visitado lugares maravillosos.
만세: 대단했어. 멋진 장소들을 방문했지.

José: ¿Has tomado fotos?
호세: 사진 찍었니?

Vocabulario

- despedida f. 작별, 이별
- regreso m. 회귀, 복귀
- vaya v. ir(가다)의 접속법 현재 1인칭, 3인칭 단수(감탄사: 이런!)
- maravilloso/a adj. 경이적인, 멋진
- traído v. traer(가져오다)의 과거분사

Manse: Sí, y os he traído unos recuerdos.
만세: 응, 그리고 여러분에게 작은 선물을 가져왔어요.

Antonio: No es necesario.
안또니오 씨: 그러지 않아도 되는데.

Manse: Vosotros habéis sido muy amables todo este tiempo. Voy a echaros mucho de menos.
만세: 여러분들은 항상 매우 친절했어요. 여러분들이 많이 그리울 거예요.

Pilar: Sí, nosotros también te vamos a echar de menos.
삘라르 부인: 그래, 우리도 너를 많이 그리워할 거란다.

Mónica: Escríbenos pronto.
모니까: 우리에게 바로 편지해.

Manse: Claro que sí. España ha sido una experiencia maravillosa y he aprendido mucho español.
만세: 물론이지. 스페인은 멋진 경험이었고 스페인어를 많이 배웠어.

Javier: Bueno, ahora tenemos que preparar la fiesta de despedida.
하비에르: 자, 이제 우리는 송별파티를 준비해야 겠네.

Manse: Sí, quiero invitar a algunos de mis compañeros de clase.
만세: 그래, 나는 반 친구 몇 명을 초대하고 싶어.

José: ¿Qué te parece si hacemos una barbacoa?
호세: 바비큐를 하는 게 어때?

Manse: Sí, buena idea. Yo quiero cocinar algo coreano.
만세: 그래, 좋은 생각이야. 나는 한국 음식을 요리하고 싶어.

Vocabulario

recuerdo m. 기념품
necesario/a adj. 필요한
echar de menos 그리워하다
pronto adv. 곧

LECCIÓN 12

B. LOS PREPARATIVOS 준비

Javier: Ya he puesto la mesa y las sillas en el jardín.
하비에르: 내가 정원에 식탁과 의자를 준비했어.

Manse: Gracias. Yo casi termino mi plato coreano.
만세: 고마워. 나는 한국 음식을 거의 끝냈어.

Mónica: No te preocupes, todavía tenemos un poco de tiempo. Aún no ha llegado nadie.
모니까: 걱정하지 마. 아직 시간이 좀 있고 아무도 도착하지 않았어.

Manse: Sí, les he dicho a las 6.
만세: 그래, 그들에게 여섯 시라고 말했어.

Mónica: ¿Te ayudo en algo?
모니까: 뭐 좀 도와줄까?

Manse: No, gracias. Por ahora no necesito nada. Ya está casi hecho.
만세: 아니, 괜찮아. 지금 필요한 게 없어. 이제 거의 다 했어.

José: ¿Y la música?

Vocabulario

- preparativo m. 준비된 것, 준비물
- puesto v. poner(놓다)의 과거분사
- termino v. terminar(끝내다)의 직설법 현재 1인칭 단수
- nadie pron. 아무도 아닌 사람
- dicho v. decir(말하다)의 과거분사
- casi adv. 거의
- música f. 음악

호세: 그럼 음악은?

Manse: Es verdad. La he olvidado. ¿Tenéis algunos discos?
만세: 정말, 깜빡했네. CD 좀 있니?

Mónica: Yo no tengo ninguno, pero Javier tiene varios.
모니까: 난 하나도 없는데 하비에르는 몇 장 가지고 있어.

Javier: Sí, ahora los traigo.
하비에르: 맞아, 지금 가지고 올게.

José: Alguien llama a la puerta, yo abro.
호세: 누가 문을 두드리네, 내가 열어줄게.

Mónica: Ya están llegando los invitados.
모니까: 초대 손님들이 도착하고 있어.

José: Pasen, pasen. ¡Bienvenidos!
호세: 들어와, 들어와. 환영해.

Vocabulario

disco m. 디스크, CD
invitado/a m.f. 초대 손님
pasen v. pasar(지나오다, 통과하다)의 3인칭 복수 명령형

C. PALABRAS DE DESPEDIDA 작별인사

Manse: Atención, por favor, compañeros y compañeras, quiero daros las gracias por venir a mi fiesta de despedida.
만세: 주목해줘, 친구들아, 나의 송별파티에 와주어서 고마워.

Daniel: Gracias a ti por invitarnos.
다니엘: 우리를 초대해 주어서 고마워.

Manse: Como sabéis, mañana salgo para México y después voy a viajar por varios países de Sudamérica.
만세: 너희들이 알다시피 나는 내일 멕시코로 가고 그 다음에 남미 여러 나라를 여행할 거야.

Masako: Mucha suerte, Manse.
마사코: 행운을 빌어, 만세.

Manse: Gracias. Además quiero dedicar unas palabras de agradecimiento para la familia Sánchez. Para mí, esta ha sido la mejor experiencia de mi vida. He aprendido mucho con vosotros y como muestra de gratitud aquí tengo algunos regalos especiales de Corea para cada uno de vosotros. Vosotros siempre vais a ser mi familia española.
만세: 고마워. 저는 또 산체스 가족에게 감사인사를 드리고 싶습니다. 제게 이것은 인생 최고의 경험이었습니다. 여러분들에게 많이 배웠고 감사의 표시로 여기 여러분들 각자에게 드리는 한국의 특별한 선물이 있습니다. 여러분들은 항상 저의 스페인 가족이 되실 겁니다.

Javier: Muchas gracias, Manse. Todos nosotros te vamos a echar mucho de menos.
하비에르: 정말 고마워, 만세. 우리는 모두 너를 무척 그리워할 거야.

Manse: Igualmente.
만세: 나도 마찬가지야.

Vocabulario

- atención f. 주의, 주목
- dedicar v. 바치다, 헌정하다
- agradecimiento m. 감사, 고마움
- muestra f. 나타냄, 증거, 샘플
- gratitud f. 감사, 감사의 마음
- especial adj. 특별한

 이것만은 알아두자!

1. 과거분사

(1) 과거분사는 '-ar'동사는 '-ado'를 붙이고, '-er'동사와 '-ir'동사는 '-ido'를 붙여서 만든다.

-ar동사: **-ado**	regresar 돌아오다 ⇒ regres**ado**, visitar 방문하다 ⇒ visit**ado**
-er/-ir동사: **-ido**	ser ~이다 ⇒ s**ido**, salir 나가다 ⇒ sal**ido** aprender 배우다 ⇒ aprend**ido**

(2) 주의해야 하는 형태로 강세 표시가 부가되는 경우와 불규칙 형태를 취하는 경우가 있다.

유형	해당 동사
① 강세 표시 부가형	traer 가져오다 ⇒ tra**ído**, leer 읽다 ⇒ le**ído**
② 불규칙 형태	hacer 하다 ⇒ **hecho**, decir 말하다 ⇒ **dicho**, ver 보다 ⇒ **visto**, abrir 열다 ⇒ **abierto**, escribir 쓰다 ⇒ **escrito**, poner 놓다 ⇒ **puesto**, volver 돌아오다 ⇒ **vuelto**

2. 현재완료

(1) 현재완료의 형태는 'haber 동사의 현재 + 과거분사'이다.

	hablar	comer	vivir
1인칭 단수	**he** habl**ado**	**he** com**ido**	**he** viv**ido**
2인칭 단수	**has** habl**ado**	**has** com**ido**	**has** viv**ido**
3인칭 단수	**ha** habl**ado**	**ha** com**ido**	**ha** viv**ido**

1인칭 복수	hemos hablado	hemos comido	hemos vivido
2인칭 복수	habéis hablado	habéis comido	habéis vivido
3인칭 복수	han hablado	han comido	han vivido

(2) 지금까지 경험한 일을 나타낸다.

A: ¿Qué tal **ha salido** el viaje? 여행 어땠니?

B: **Ha sido** increíble. 굉장했어.

(3) ya 이미, aún 아직, todavía 아직 등의 어휘와 자주 쓰인다.

A: ¿Ya **has puesto** la mesa? 상 차렸니?

B: Todavía no la **he puesto**. 아직 그것을 차리지 못했어.

(4) Esta mañana 오늘 아침, esta tarde 오늘 오후, esta noche 오늘 저녁, hoy 오늘, esta semana 이번 주, este mes 이번 달, este año 올해, últimamente 최근에 등 현재 순간을 포함하는 시간의 단위를 나타내는 표현과 함께 쓰이거나 오늘 일어난 일을 나타낸다.

Esta mañana me **he levantado** temprano. 오늘 아침 나는 일찍 일어났다.

(5) 라틴아메리카에서는 동작이 과거에 끝난 경우에 현재완료 대신 과거 시제를 쓴다.

Esta mañana me levanté temprano. 오늘 아침 나는 일찍 일어났다.

3. Alguien, algo, alguno, nadie, nada, ninguno, nunca, jamás

(1) alguien 누군가 ↔ nadie 아무도

A: ¿**Alguien** llama a la puerta? 누가 노크하나요?

B: No, **nadie** llama a la puerta. 아무도 노크하지 않는다.

No, no llama **nadie** a la puerta. 아무도 노크하지 않는다.

(2) algo 어떤 것 ↔ nada 아무것도

A: ¿Necesitas algo? 너는 뭔가 필요하니?

B: No, no necesito nada. 나는 아무 것도 필요 없다.

(3) alguno(-a, -os, -as) (선택 범위 안의) 누군가 또는 어떤 것 ↔ ninguno(-a) (선택 범위 안의) 아무도 또는 아무 것도

A: Entre los invitados, ¿han llegado algunos? 손님들 중에 몇 명이 왔니?

B: No, no ha llegado ninguno. 아니, 아무도 오지 않았어.

A: Entre las sillas, ¿han puesto algunas? 의자들 중에 몇 개는 놓았니?

B: No, no he puesto ninguna. 아니, 아무 것도 놓지 않았어.

(4) algún(-a, -os, -as) + 명사 (선택 범위 안의) 어떤 사람 또는 어떤 것 ↔ ningún(-a) (선택 범위 안의) 아무 사람 또는 아무 것도

A: ¿Tienes algún regalo? 너는 어떤 선물을 가지고 있니?

B: No, no tengo ningún regalo. 아니, 아무런 선물도 가지고 있지 않아.

(5) nunca 결코, jamás 결코

Nunca he estado en México. 나는 멕시코에 있어 본 적이 없어.

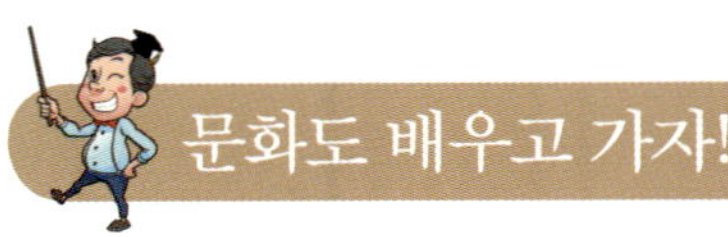

문화도 배우고 가자!

스페인 사람들의 파티 문화

스페인에서의 파티는 정말 편안하게 정을 나누는 모임이다. 특히 정원과 음악이 있고 바비큐 설비가 있다면 그야말로 파티는 시간을 초월하여 여러분을 멋진 분위기로 이끈다. 파티에는 먹을 것이 풍부하다. 스페인 사람들이 많이 마시는 산 미겔(San Miguel) 맥주 또는 포도주가 빠질 수 없으며, 바게트 빵과 하몬(jamón)이 꼭 등장한다. 다음 날 아침에는 숙취를 완화하기 위해 추로스(churros)를 초콜렛 차에 찍어 먹는다. 파티에서의 대화 소재가 부족하지 않도록 평소에 자신의 전공 외에도 다양한 분야의 지식과 경험을 지니고 있으면 좋다. 파티 시간은 6시면 좀 이른 듯 하고 통상 8시 이후가 좋다. 외국에서 친구들 모임에서 내놓을 수 있는 한국 음식으로는 불고기와 김밥, 잡채, 만두 등이 인기가 좋다.

특히 크리스마스에는 사랑하는 사람과 또 친한 친구들과 모여서 즐겁고 행복한 시간을 보낸다. 12월 24일, 크리스마스 전야에는 온 가족이 모여 저녁 만찬을 나눈다.

여행과 인맥 쌓기

공항은 다양한 국적을 지닌 사람들과 마주치는 공간이다. 기다리면서 옆자리에 앉아 있는 여행객들과 대화를 나눠보자. 훗날 멋진 추억을 되새기게 하는 한편 또 다른 인연과 만남으로 연결될 수 있다. 이름과 성, 국적, 고향, 취미 등의 소재를 중심으로 대화를 시작해보자.

스페인어로 말해보자!

ACTIVIDADES

Comenta a tus compañeros de clase:

¿Qué cosas has hecho durante este año?

En verano he ido a...
En febrero he terminado el servicio militar.

¿ALGUNA VEZ...?

¿Alguna vez has viajado (a otro país) solo?
¿Alguna vez te has lanzado en paracaídas?
¿Alguna vez has comido algo extraño o poco común?

LECCIÓN 1

LA LLEGADA A MÉXICO

멕시코에 도착

A. EN EL AEROPUERTO INTERNACIONAL BENITO JUÁREZ
베니또 후아레스 국제공항에서

Inspector: Buenas tardes, ¿podría mostrarme su pasaporte?
입국심사관: 안녕하세요, 여권 좀 보여주세요.

Manse: Buenas tardes. Sí, claro, aquí tiene.
만세: 안녕하세요. 네, 물론이지요. 여기 있습니다.

Inspector: ¿Es la primera vez que visita México?
입국심사관: 멕시코에는 처음 오시는 건가요?

Vocabulario

inspector/a m.f. 검사관, 심사관
mostrar v. 보여주다, 제시하다

Manse: Sí.
만세: 네.

Inspector: ¿Cuánto tiempo se quedará?
입국심사관: 얼마나 머무를 예정인가요?

Manse: Me quedaré dos semanas y después viajaré por América del Sur.
만세: 2주 동안 머물 겁니다. 그런 다음 남미를 여행할 겁니다.

Inspector: ¿Y dónde se hospedará?
입국심사관: 어디에서 묵을 건가요?

Manse: En un hotel cerca del Zócalo.
만세: 소깔로 근처 호텔에서요.

Inspector: ¿Visitará otros lugares en México?
입국심사관: 멕시코의 다른 곳들도 방문할 건가요?

Manse: Sí, visitaré a un amigo mexicano que vive en Cancún.
만세: 네, 깐꾼에 사는 멕시코 친구를 방문할 겁니다.

Inspector: Muy bien. ¿Podría poner sus dedos en el lector? Correcto, aquí está su pasaporte. Bienvenido a México.
입국심사관: 아주 좋아요. 손가락을 이 스캐너에 올려 놓으실래요? 좋아요. 여기 당신의 여권이 있습니다. 멕시코에 오신 걸 환영합니다.

Manse: Muchas gracias, hasta luego.
만세: 대단히 감사합니다. 안녕히 계세요.

Vocabulario

se hospedará v. hospedarse(숙박하다)의 직설법 미래 3인칭 단수

dedo m. 손가락

lector m. 스캐너, 판독기

correcto/a adj. 정확한

B. EN EL TAXI DE SITIO 등록된 택시에서

Taxista: Buenas tardes, joven.
택시기사: 안녕하세요, 젊은이.

Manse: Gracias, buenas tardes. ¿Le importaría bajar la ventanilla un poco, por favor? Hace mucho calor.
만세: 감사합니다, 안녕하세요. 창문을 좀 내려도 괜찮을까요? 많이 덥네요.

Taxista: No, claro que no. Habla español muy bien.
택시기사: 네, 괜찮아요. 스페인어를 매우 잘 하네요.

Manse: Gracias.
만세: 감사합니다.

Taxista: ¿De dónde es?
택시기사: 어느 나라 사람인가요?

Manse: Soy coreano.
만세: 한국사람이요.

Taxista: Hay muchos coreanos que viven aquí. ¿Por qué viene a México?

Vocabulario

- sitio m. 장소, 지역
- importaría v. importar(중요하다)의 가정미래 3인칭 단수
- ventanilla f. 차창, 창구
- calor m. 더위

택시기사: 여기에 사는 한국 사람들이 많아요. 무슨 이유로 멕시코에 왔나요?

Manse: Bueno, México es un país que tiene mucha cultura e historia. Además visitaré a un amigo en Cancún.

만세: 멕시코는 많은 문화와 역사를 가진 나라잖아요. 또 깐꾼에 있는 친구를 방문하려고요.

Taxista: Ah, muy bien, joven. Mire, ya estamos aquí en la plaza de la Constitución.

택시기사: 아, 매우 좋군요, 청년. 자, 이제 라 꼰스띠뚜시온 광장에 도착했어요.

Manse: ¡Qué emoción! ¡Por fin, estoy en el Zócalo!

만세: 감동적이네요! 드디어 소깔로에 왔어요!

emoción f. 감동, 감격

 C. EN EL MÓDULO DE INFORMACIÓN TURÍSTICA 관광안내소에서

Señorita: Buenos días.

직원: 안녕하세요

Manse: Buenos días, señorita, ¿podría ayudarme? Busco un hotel económico y bien ubicado. ¿Sería tan amable de recomendarme uno?

만세: 안녕하세요. 저를 도와주실 수 있으신가요? 경제적이고 위치가 좋은 호텔을 찾고 있습니다. 저에게 한 곳을 추천해주시겠어요?

Señorita: Sí, mire, el Hotel Catedral es un hotel que tiene todos los servicios necesarios. Está muy bien ubicado, a dos cuadras de aquí. Es económico y el precio es de 900 pesos por noche. Este es el folleto del hotel.

직원: 네, 보세요. 까떼드랄 호텔이 필요한 서비스를 모두 갖추고 있습니다. 위치가 좋아서 여기서 두 블록 떨어져 있습니다. 경제적인데 가격이 하룻밤에 900페소입니다. 이것이 호텔 팜플렛입니다.

Manse: No, no. Quiero un hotel más barato.

만세: 아니요. 더 저렴한 호텔을 원합니다.

Señorita: Entonces, el Hotel Palacio está a cuatro cuadras de aquí. El precio es de 600 pesos por noche. Si quiere un hostal, yo le recomiendo el Hostal Sol. Tiene todos los servicios y está muy bien comunicado.

직원: 그렇다면 빨라시오 호텔이 여기서 네 블록 떨어져 있어요. 가격은 하룻밤에 600페소입니다. 만일 호스텔을 원하면 솔 오스딸을 추천합니다. 서비스를 다 갖추고 있고 교통이 매우 좋아요.

Manse: ¿Dónde está?

만세: 어디에 있나요?

Señorita: Justo detrás de la catedral, aquí está el folleto.

직원: 성당 바로 뒤에 있고, 여기 팜플렛이 있어요.

Manse: Muy bien, iré a verlo. Muchas gracias por la información. Hasta luego.

만세: 아주 좋군요. 보러 갈게요. 정보를 주셔서 대단히 감사합니다. 안녕히 계세요.

Señorita: De nada, hasta luego.

직원: 천만에요, 안녕히 가세요.

Vocabulario

- módulo m. 시설
- turístico/a adj. 관광의
- económico/a adj. 경제적인
- ubicado/a adj. 위치된
- servicio m. 서비스
- cuadra f. 블록, 구획
- peso m. 멕시코 화폐 단위, 1페소는 약 100원
- folleto m. 팜플렛, 소책자
- detrás de 뒤에
- hostal m. 호스텔

 이것만은 알아두자!

1. 직설법 미래

인칭	활용어미	hablar	comer	vivir
Yo	**-é**	hablar**é**	comer**é**	vivir**é**
Tú	**-ás**	hablar**ás**	comer**ás**	vivir**ás**
Él, Ella, Ud.	**-á**	hablar**á**	comer**á**	vivir**á**
Nosotros(-as)	**-emos**	hablar**emos**	comer**emos**	vivir**emos**
Vosotros(-as)	**-éis**	hablar**éis**	comer**éis**	vivir**éis**
Ellos, Ellas, Uds.	**-án**	hablar**án**	comer**án**	vivir**án**

(1) 주요 불규칙 동사

hacer 하다: haré, harás, hará, haremos, haréis, harán
decir 말하다: diré, dirás, dirá, diremos, diréis, dirán
saber 알다: sabré, sabrás, sabrá, sabremos, sabréis, sabrán
poder 할 수 있다: podré, podrás, podrá, podremos, podréis, podrán
querer 좋아하다: querré, querrás, querrá, querremos, querréis, querrán
tener 가지다: tendré, tendrás, tendrá, tendremos, tendréis, tendrán
poner 놓다: pondré, pondrás, pondrá, pondremos, pondréis, pondrán
salir 나가다: saldré, saldrás, saldrá, saldremos, saldréis, saldrán

(2) 미래에 일어날 일을 묘사한다.

A: ¿Cuánto tiempo se quedará? 얼마나 머무를 예정인가요?
B: Me quedaré dos semanas. 2주 동안 머물 겁니다.

(3) 주어의 의지나 계획을 표현한다.

A: ¿Qué hará en México? 멕시코에서 무엇을 하실 겁니까?

B: Visitaré a unos amigos. 몇몇 친구들을 방문할 겁니다.

(4) 현재의 추측을 나타낸다.

A: ¿Dónde estará Manse? 만세가 어디 있을까?

B: Estará en Cancún. 깐꾼에 있을 거야.

2. 공손 어법

(1) 공손하게 무엇인가를 묻거나 요청하기 위해서는 por favor '부탁드립니다'를 덧붙이는 것이 좋다. Por favor는 문두에 쓸 수도 있고 문미에 쓸 수도 있다.

A: Por favor, ¿dónde está el Hotel Catedral? 까떼드랄 호텔이 어디 있나요?

B: Está allí. 저기 있습니다.

(2) 현재시제 대신 –ía형을 사용하면 공손한 표현이 된다.

A: ¿Podría ayudarme? 저를 도와주실 수 있으신가요?

B: Sí, claro. 네, 물론입니다.

(3) ¿Le importaría + 동사원형 ...? '~해도 괜찮으실까요?'는 공손하게 요청하거나 부탁하는 표현으로 쓰인다.

A: ¿Le importaría bajar la ventanilla? 창문을 좀 내려도 괜찮으시겠습니까?

B: No, claro que no. 네, 괜찮습니다.

3. 형용사절

(1) 문장의 형태로 명사를 수식하는 것을 형용사절이라고 한다. 형용사절을 이끄는 데 가장 많이 쓰이는 것이 관계대명사 que이다.

(2) **수식을 받는 명사인 선행사는 사람을 지칭할 수 있다.**

Visitaré a un amigo mexicano **que** vive en Cancún.
깐꾼에 사는 멕시코 친구를 방문할 것이다.

Hay muchos coreanos **que** viven aquí. 여기에 사는 한국 사람들이 많다.

(3) **선행사가 사물을 지칭할 수 있다.**

México es un país **que** tiene mucha cultura e historia.
멕시코는 많은 문화와 역사를 가진 나라이다.

El Hotel Catedral es un hotel **que** tiene todos los servicios necesarios.
까떼드랄 호텔은 필요한 서비스를 모두 갖춘 호텔이다.

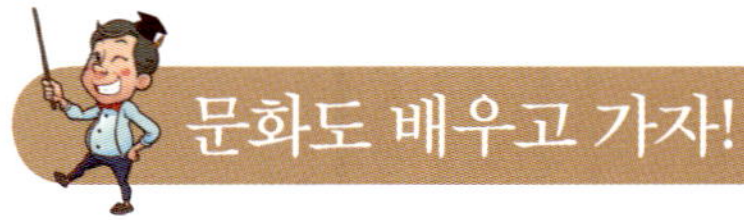

스페인어의 매력 포인트

스페인어의 가장 큰 매력 중 하나는 한 언어로 스페인뿐만 아니라 라틴아메리카 18개국 그리고 미국 내 히스패닉계와 소통할 수 있다는 점이다. 우리의 주인공도 멕시코로 여행을 떠나고 있다. 여행의 가장 큰 묘미는 국경을 넘는데 있다. 따라서 스페인어야말로 영어와 더불어 유용한 언어 도구이다. 특히 라틴아메리카 지역에는 21세기 인류가 부족현상으로 어려움에 직면하고 있는 물, 에너지 및 식량 자원이 풍부하기 때문에 글로벌 인재로서 언어적 소양을 갖춘다면 기회와 도전의 땅이 여러분들 앞에 놓이게 된다.

멕시코는 라틴아메리카의 문화정체성을 나타내는 3대 문명인 아스떼까(Azteca), 마야(Maya), 잉까(Inca) 문명 중 아스떼까와 마야 문명의 땅이다. 멕시코 시티 부근에서는 멕시코 문명의 원조격인 올메까(Olmeca) 문화 및 수많은 고대문화를 접할 수 있다.

여행의 시작은 공항에서부터

라틴아메리카 여행의 시작은 공항에서 호텔로 이동하는 데서 비롯된다. 택시의 경우 가급적 안전택시(나라별로 공항별로 별도의 용어가 있어서 taxi de sitio, taxi de seguridad, taxi autorizado 등으로 불리운다)를 이용하는 편이 좋다. 가격을 미리 지불하고 택시 번호가 기록되는 만큼 안전성이 확보된다.

어느 나라든지 국제공항 이름을 기억해 두자. 그 나라의 정체성을 의미하고 있기 때문이다. 멕시코 국제공항 이름은 '베니또 후아레스(Benito Juárez)'인데 이 명칭은 오아하카 출신의 유일한 원주민 대통령 베니또 후아레스(1806~1872)를 기리는 것이다. 멕시코는 1810년 독립을 선언한 이래 중앙집권주의파와 연방주의파 간 대립으로 혼란을 겪었으며, 1846년에는 산따 아나(Santa Ana)가 미국과의 전쟁에서 패함으로써 북부의 영토를 빼앗기는 등 혼란이 가중되고 있었다. 이러한 분위기 하에서 후아레스는 대통령으로 선출되고 자유주의 헌법을 선포하면서 개혁(레포르마, Reforma)을 통한 멕시코의 근대화에 기여하였다.

여행의 묘미는 광장에서 찾자

어느 나라든지 대표적인 광장이 있기 마련이다. 오늘날 멕시코 시티(아즈텍 제국의 수도였던 떼노츠띠뜰란) 역시 수많은 역사의 흐름을 담고 있는 대표적인 광장 '소깔로(Zócalo, 기반)'가 있다. 정식 명칭은 '헌법광장(Plaza de la Constitución)'이다. 소깔로 광장을 중심으로 동서남북으로 길이 뻗어있어 소통의 중심지 역할을 하고 있으며, 오늘날은 많은 시민단체의 모임 내지 시위의 장소가 되고 있다. 소깔로 광장 한편에 대성당과 대통령궁이 있다.

스페인어로 말해보자!

En el módulo de información turística

Elabora un diálogo con tu compañero/a, usen diferentes fórmulas de cortesía:

ESTUDIANTE A Guía	ESTUDIANTE B Turista
1. Saluda al turista (*Bienvenido/a, buenas tardes*, etc.)	
	2. Saluda y dice que busca un lugar para hospedarse.
3. Pregunta qué tipo de hospedaje quiere.	
	4. Describe el hospedaje que quiere (características).
5. Muestra diferentes opciones de hospedajes.	
	6. Selecciona algunas de las opciones, da las gracias y se despide.

memorándum

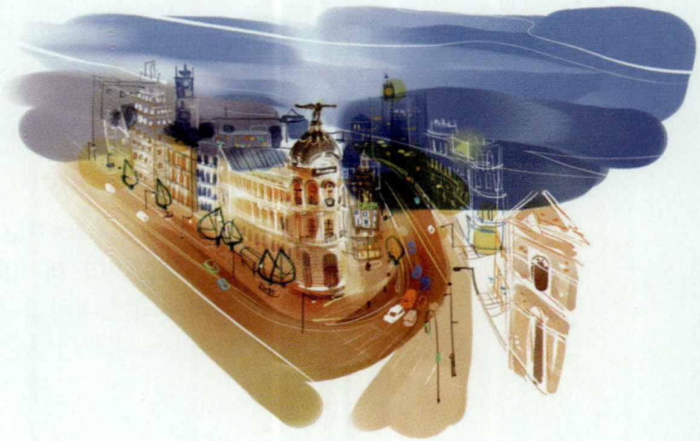

LECCIÓN 2

EN COYOACÁN

꼬요아깐에서

A. EN EL PATIO DE LA CASA AZUL 까사 아술 뜰에서

Guía: Bienvenidos a la Casa Azul, mi nombre es Francisco y yo seré su guía en esta visita. En esta casa nació Frida Kahlo, sin embargo, también vivió en otros lugares de la ciudad y en el extranjero. ¿Alguno de ustedes sabe en qué año nació?

안내원: 까사 아술에 오신 것을 환영합니다. 제 이름은 프란시스꼬이고 이 관람 동안 여러분의 안내원입니다. 이 집에서 프리다 깔로가 출생했지만 도시의 다른 장소와 외국에서

Vocabulario

patio m. 안뜰, 정원

nació v. nacer(태어나다)의 직설법 과거 3인칭 단수

sin embargo -임에도 불구하고

vivió v. vivir(살다)의 직설법 과거 3인칭 단수

extranjero m. 외국, 외국인

도 생활을 했습니다. 여러분 중에 그녀가 언제 출생했는지 아시는 분 있으신가요?

Turista: En 1907.
관광객: 1907년이요.

Guía: Correcto. Uno de los datos más conocidos sobre su vida es que a los seis años tuvo poliomielitis y por esto no pudo tener hijos. Posteriormente, a los dieciocho, tuvo un trágico accidente.
안내원: 맞습니다. 그녀의 일생에 대해서 가장 잘 알려진 자료 중 하나는 여섯 살 때 소아마비를 앓아서 아이를 가질 수 없게 되었다는 겁니다. 이후 열 여덟 살 때에도 비극적인 사고를 당했습니다.

Manse: Sí, el accidente del tranvía.
만세: 네, 전차 사고요.

Guía: Exacto, pasó en el año de 1925. En los primeros meses no pudo moverse y así fue como comenzó a pintar. Frida Kahlo conoció a Pablo Picasso, André Bretón y fue amiga de León Trotsky, Pablo Neruda, entre otros. Bien, vamos a entrar a la casa.
안내원: 맞습니다. 1925년에 일어났습니다. 처음 몇 달간은 움직일 수가 없었고 그래서 그림을 그리기 시작했습니다. 프리다 깔로는 파블로 피카소, 안드레 브르통과 친분이 있고 레온 트로츠키와 파블로 네루다의 친구였습니다. 자 이제 집으로 들어가시지요.

Vocabulario

poliomielitis f. 소아마비
posteriormente adv. 이후에
trágico/a adj. 비극적인
accidente m. 사고
tranvía m. 전차
exacto/a adj. 정확한
moverse v. 움직이다
pintar v. 그리다, 칠하다

B. LAS OBRAS DE FRIDA KAHLO 프리다 깔로의 작품

Guía: Fue en 1958 cuando esta casa abrió sus puertas como museo.
안내원: 이 집이 박물관으로 문을 연 것은 1958년이었어요.

Turista: ¿Es verdad que es uno de los museos más visitados de la Ciudad de México?
관광객: 멕시코시티에서 가장 많이 방문하는 박물관 중 하나라는 게 사실인가요?

Guía: Sí, aproximadamente 25.000 personas lo visitan al mes. Aquí tenemos la obra llamada *Retrato de mi padre Guillermo Kahlo;* para esta obra, Frida se basó en una fotografía tomada en 1925.
안내원: 네, 매달 약 25,000명이 방문합니다. 여기 '나의 아버지 기예르모 깔로의 초상'이라는 작품이 있습니다. 이 작품을 위해서 프리다는 1925년 찍은 사진을 근거로 했습니다.

Manse: ¡Qué interesante!
만세: 매우 흥미롭군요!

Guía: Este cuadro se llama *Mi familia*. La artista trabajó varias veces en este cuadro

Vocabulario

aproximadamente adv. 대략
retrato m. 초상화
se basó v. basarse(근거를 두다)의 직설법 과거 3인칭 단수
tomado/a v. tomar(찍다, 잡다)의 과거분사
cuadro m. 그림
artista m.f. 예술가

pero, como pueden ver, no lo terminó. Ellos son los abuelos paternos y maternos de Frida. Estas son las hermanas mayores de Frida.

안내원: 이 그림은 '나의 가족'이라고 합니다. 예술가는 이 그림을 위해 여러 차례 작업을 했지만 보시다시피 완성을 하지 못했습니다. 그들은 프리다의 조부모와 외조부모님들입니다. 이 사람들은 프리다의 언니들입니다.

Manse: Entonces, la de la derecha es la hermana menor, Cristina.

만세: 그렇다면 오른 쪽에 있는 사람이 여동생 끄리스띠나군요.

Guía: Así es y los que tienen rostros inconclusos son sobrinos de Frida: Isolda y Antonio. Vamos a la cocina, por aquí.

안내원: 그렇습니다. 그리고 완성되지 못한 사람들은 프리다의 조카인 이솔다와 안또니오입니다. 부엌으로 가시지요. 이쪽입니다.

Vocabulario

paterno/a adj. 아버지쪽의

rostro m. 얼굴

inconcluso/a adj. 미완성의

C. LAS HABITACIONES DE LA CASA 집의 방들

Turista: ¡Qué cocina tan hermosa!

관광객: 매우 아름다운 부엌이군요!

PARTE 2

Guía: Sí, aunque ya en esa época existía la estufa de gas, Frida y su esposo, Diego, preferían cocinar a la antigua, con leña. Aquí, preparaban platillos prehispánicos, coloniales y populares. Ahora vamos al comedor.

안내원: 네, 비록 그 당시에 이미 가스난로가 존재했지만 프리다와 그의 남편 디에고는 옛날 방식인 땔감으로 요리하는 걸 선호했어요. 여기서 스페인정복 이전의 음식과 식민 시대의 음식, 대중적인 음식을 준비하곤 했습니다. 이제 식당으로 갑니다.

Manse: ¡Qué bonito es el color amarillo del piso!

만세: 바닥의 노란색이 매우 예쁘네요!

Guía: Aquí podemos ver que Frida y Diego utilizaban y coleccionaban muestras de arte popular.

안내원: 여기에서 프리다와 디에고가 대중예술품을 사용하고 수집했던 것을 볼 수 있습니다.

Manse: Este lugar es realmente espectacular.

만세: 이 장소는 정말 대단하군요.

Guía: Ahora vamos a la segunda planta.

안내원: 이제 이층으로 갑니다.

…

Guía: Aquí está el estudio. Los libros de historia, filosofía, literatura y arte de Frida demuestran que tenía una gran inquietud intelectual. Además, las piezas prehispánicas demuestran que la pareja sentía gran admiración por las culturas precolombinas. Bueno, señoras y señores, aquí termina el recorrido.

안내원: 여기에 서재가 있어요. 프리다의 역사와 철학, 문학, 예술에 관한 책은 그녀가 지적인 호기심이 많았다는 것을 보

Vocabulario

- habitación f. 방
- hermoso/a adj. 아름다운
- existía v. existir(존재하다)의 직설법 불완료과거 3인칭 단수
- estufa f. 난로
- gas m. 가스
- estufa de gas 가스난로
- esposo m. 남편
- a la antigua 옛날 방식으로
- leña f. 땔감, 장작
- platillo m. 요리
- prehispánico/a adj. 스페인 정복 이전의
- colonial adj. 식민지의, 식민지 풍의
- popular adj. 대중적인
- comedor m. 식당
- amarillo/a adj. 노란
- piso m. 아파트
- utilizaban v. utilizar(사용하다, 활용하다)의 직설법 불완료과거 3인칭 복수
- coleccionaban v. coleccionar(수집하다)의 직설법 불완료과거 3인칭 복수
- estudio m. 작업실, 스튜디오
- demostrar v. 보여주다
- inquietud f. 불안, 초조
- intelectual adj. 지적인
- pieza f. 조각, 작품
- pareja f. 쌍, 커플
- sentía v. sentir(느끼다)의 직설법 불완료과거 3인칭 단수
- admiración f. 경이로움, 감탄
- precolombino/a adj. 콜럼버스 이전 시대의
- aplauso m. 박수

여줍니다. 게다가 스페인 정복 이전의 작품들은 그 부부가 콜럼버스 이전의 문화에 대해 크게 감탄하고 있었다는 것을 보여줍니다. 자, 신사숙녀 여러분, 여기서 관람을 종료합니다.

Turistas: Muchas gracias (aplausos).
관광객: 대단히 감사합니다 (박수).

이것만은 알아두자!

1. 직설법 과거

(1) 활용형은 -ar형과 –er/-ir형, 두 가지로 구분된다. Habló '(과거 3인칭 단수) 말했다'의 경우에 Hablo '(현재1인칭 단수) 말한다'와 혼동의 여지가 있으므로 강세부호를 반드시 찍어 주어야 하며 발음에도 유의하여야 한다.

인칭	-ar		-er/-ir		
	활용어미	hablar	활용어미	comer	vivir
Yo	**-é**	habl**é**	**-í**	com**í**	viv**í**
Tú	**-aste**	habl**aste**	**-iste**	com**iste**	viv**iste**
Él, Ella, Ud.	**-ó**	habl**ó**	**-ió**	com**ió**	viv**ió**
Nosotros(-as)	**-amos**	habl**amos**	**-imos**	com**imos**	viv**imos**
Vosotros(-as)	**-asteis**	habl**asteis**	**-isteis**	com**isteis**	viv**isteis**
Ellos, Ellas, Uds.	**-aron**	habl**aron**	**-ieron**	com**ieron**	viv**ieron**

(2) -ar동사와 -ir동사의 1인칭 복수형은 현재시제와 형태가 같아서 문맥으로 구분한다.

Ahora hablamos del museo. [현재] (우리는) 지금 박물관에 대해 얘기한다.

Ayer hablamos del museo. [과거] (우리는) 어제 박물관에 대해 얘기했다.

Vivimos en la Ciudad de México ahora.

[현재] (우리는) 지금 멕시코시티에 산다.

Vivimos en la Ciudad de México el año pasado.

[과거] (우리는) 작년에 멕시코시티에 살았다.

(3) 주요 불규칙동사

poner 놓다; puse, pusiste, puso, pusimos, pusisteis, pusieron

saber 알다; supe, supiste, supo, supimos, supisteis, sup eron

poder 할 수 있다; pude, pudiste, pudo, pudimos, pudisteis, pudieron

decir 말하다; dije, dijiste, dijo, dijimos, dijisteis, dijeron

hacer 하다; hice, hiciste, hizo, hicimos, hicisteis, hicieron

dar 주다; di, diste, dio, dimos, disteis, dieron

venir 오다; vine, viniste, vino, vinimos, vinisteis, vinieron

estar 있다; estuve, estuviste, estuvo, estuvimos, estuvisteis, estuvieron

tener 가지다; tuve, tuviste, tuvo, tuvimos, tuvisteis, tuvieron

(4) 동작 혹은 사건이 과거 한 순간에 끝난 것을 표현한다.

A: ¿En qué año nació Frida Kahlo? 프리다 깔로는 몇 년도에 태어났습니까?

B: Nació en 1907. 1907년에 태어났습니다.

(5) 과거의 특정 기간 동안 이루어진 동작이나 사건을 표현하며, 주로 anteayer 그저께, ayer 어제, el mes pasado 지난 달, la semana pasada 지난 주 등과 같이 과거를 나타내는 표현과 함께 쓰인다.

Ayer visitamos el museo. 어제 우리는 박물관을 방문했다.

En los primeros meses Frida no pudo moverse.

처음 몇 달 간 프리다는 움직일 수가 없었다.

PARTE 2

2. 직설법 불완료과거

(1) 활용형은 -ar형과 –er/-ir형, 두 가지로 구분된다.

인칭	-ar		-er/-ir		
	활용어미	hablar	활용어미	comer	vivir
Yo	**-aba**	habl**aba**	**-ía**	com**ía**	viv**ía**
Tú	**-abas**	habl**abas**	**-ías**	com**ías**	viv**ías**
Él, Ella, Ud.	**-aba**	habl**aba**	**-ía**	com**ía**	viv**ía**
Nosotros(-as)	**-ábamos**	habl**ábamos**	**-íamos**	com**íamos**	viv**íamos**
Vosotros(-as)	**-abais**	habl**abais**	**-íais**	com**íais**	viv**íais**
Ellos, Ellas, Uds.	**-aban**	habl**aban**	**-ían**	com**ían**	viv**ían**

(2) 주요 불규칙 동사

ser ~이다: era, eras, era, éramos, erais, eran

ir 가다: iba, ibas, iba, íbamos, ibais, iban

ver 보다: veía, veías, veía, veíamos, veíais, veían

(3) 과거에 반복되거나 지속된 행위를 나타낸다.

Ya en esa época existía la estufa de gas.

이미 그 당시에 가스난로가 존재했었다.

Frida cocinaba en esta cocina. 프리다는 이 주방에서 요리를 했었다.

(4) 단순과거와 함께 쓰여 과거의 상태를 나타낸다.

Cuando vivía en esta casa, Frida pintó aquel cuadro.

이 집에 살았을 때, 프리다는 저 그림을 그렸다.

(5) 현재시제 대신 쓰이면 공손한 표현이 된다.

A: ¿Qué deseaba? 무엇을 원하십니까?

B: Deseaba ver las obras de Frida. 프리다의 작품을 보고 싶습니다.

(6) 흔히 antes '예전에', siempre '항상' 등이 오면 불완료 과거형을 쓴다.

Antes este museo era la casa de Frida y Diego.

예전에 이 박물관은 프리다와 디에고의 집이었다.

문화도 배우고 가자!

프리다 깔로 이야기

프리다 깔로

프리다 깔로는 멕시코의 유명 여류화가다. 평생 신체적, 정신적 고통을 안고 살아간 화가로 당시 벽화계의 거장이었던 디에고 리베라와 결혼했다. '파란 집'은 프리다 깔로가 평생을 함께 한 박물관으로 많은 관광객들의 발걸음이 그치지 않고 있다.

프리다 깔로는 디에고 리베라와 결혼, 스탈린의 숙청을 피해서 망명 온 트로츠키와의 부적절한 관계 등 부서진 몸으로 많은 사랑을 좇은 여인이기도 하다.

멕시코의 문화아이콘

까뜨리나

멕시코의 대표 문화아이콘을 정리해 보면 Frida Kahlo(프리다 깔로) 외에 La Virgen de Guadalupe(과달루페 성모 마리아), El mariachi(마리아치), La Catrina(까뜨리나, 망자의 날의 공식 심볼), La tequila(떼낄라), La Selección Nacional(축구 국가대표팀), El maguey(마게이 술), Pedro Infante(뻬드로 인판떼, 멕시코 국민배우이자 가수), El Santo(엘 산또, 마스크를 쓰고 멕시코 자유를 위해 투정했던 전설적 인물), Los volcanes(화산), Octavio Paz(옥따비오 빠스, 1990년 노벨문학상 수상자), José Alfredo Jiménez(호세 알프레도 히메네스, 사랑과 고통을 주제로 한 민속 자작곡 가수) 등이다.

스페인어로 말해보자!

1. Biografía

Selecciona a una persona famosa (político/a, actor/actriz, deportista, escritor/a), personaje histórico, etc.) y preséntala en clase.

Menciona:

Fecha y lugar de nacimiento (*Nació en...*)
Estudios (*Estudió.../se graduó en...*)
Vida personal (*Se casó en.../con...*)
Menciona 3 cosas importantes o logros en su vida (*Escribió/recibió/actuó...*)

2. Tu infancia

Entrevista a tu compañero/a sobre su infancia:

¿Cuándo y dónde naciste?
¿Vivías en el mismo lugar que ahora?
¿Cómo eran los días en el colegio?
¿Quién(es) era(n) tu(s) mejor(es) amigo(s)?
¿Tenías mascota?
¿Cuál era tu juguete favorito?
¿Cuál era tu programa de televisión favorito?
¿Qué cosas (no) te gustaban?

memorándum

PARTE 2

LECCIÓN 3

EN EL CENTRO HISTÓRICO

역사적 장소에서

A. EN LA PARADA DEL AUTOBÚS 버스 정류장에서

Manse: Buenos días, quiero comprar un boleto para el autobús de turistas.

만세: 안녕하세요, 시내관광버스 표를 사고 싶습니다.

Empleado: ¿Quiere que le dé un asiento en la parte baja del autobús o en la parte exterior, arriba?

직원: 버스 아래층 좌석을 드리길 원하시나요 아니면 외부, 이층 좌석을 드리길 원하시나요?

Vocabulario

- histórico/a adj. 역사적인
- parada f. 멈추는 곳, 정류장
- boleto m. 표
- turista m.f. 관광객 adj. 관광의
- parte f. 부분
- bajo/a adj. 아래의
- exterior adj. 외부의, 바깥쪽의
- arriba adv. 위에, 위로

Manse: No sé.
만세: 잘 모르겠어요.

Empleado: En la parte de arriba podrá tomar mejores fotos.
직원: 위층에서는 사진을 더 잘 찍을 수 있습니다.

Manse: Bueno, entonces, un boleto para la parte de arriba, espero que no llueva.
만세: 좋아요, 그럼 위층표를 주세요. 비가 오지 않기를 바랍니다.

Empleado: No, no se preocupe. Está un poco nublado pero no hay pronóstico de lluvia.
직원: 아니요, 걱정 마세요. 구름이 약간 있지만 비가 온다는 예보는 없습니다.

Manse: ¿Cuándo llegará el autobús?
만세: 버스는 언제 도착할까요?

Empleado: En unos minutos.
직원: 몇 분 뒤에요.

Manse: Espero que no tarde mucho.
만세: 너무 늦지 않기를 바랍니다.

Empleado: No se preocupe... Ah, ahí viene. Espero que tenga un buen paseo.
직원: 걱정하지 마세요... 아, 저기 오네요. 좋은 여행이 되기를 바랍니다.

Manse: Gracias.
만세: 감사합니다.

Vocabulario

llueva v. llover(비가 오다)의 접속법 현재 3인칭 단수

lluvia f. 비

llegará v. llegar(도착하다)의 직설법 미래 3인칭 단수

paseo m. 산책, 산책로

B. EN EL AUTOBÚS DE TURISTAS 시내관광버스에서

Guía: Buenos días, señores pasajeros.
안내원: 안녕하세요, 승객 여러분.

Turistas: Buenos días.
관광객: 안녕하세요.

Guía: Bienvenidos a nuestro autobús de turistas de la Ciudad de México. Este recorrido será desde el centro histórico hasta el Bosque de Chapultepec. Antes de comenzar nuestro paseo, les daremos algunas informaciones. No pueden levantarse cuando el autobús está en movimiento.
안내원: 멕시코시티의 시내관광버스에 오신 걸 환영합니다. 이 관광노선은 역사적인 중심지로부터 차뿔떼뻭 숲까지 가는 것입니다. 우리의 관광을 시작하기 전에 몇 가지 정보를 알려드리겠습니다. 버스가 움직이면 자리에서 일어날 수 없습니다.

Manse: ¿Y para tomar fotos?
만세: 사진을 찍으려면요?

Vocabulario

- pasajero/a m.f. 승객
- bosque m. 숲
- daremos v. dar(주다)의 직설법 미래 1인칭 복수
- movimiento m. 움직임

Guía: Cuando lleguemos a sitios de interés, haremos una parada breve y en ese momento pueden tomar fotos. El recorrido completo dura dos horas y media. ¿Tienen alguna pregunta?
안내원: 우리가 흥미로운 장소에 도착하면 차가 잠시 정차할 텐데 그때 사진을 찍을 수 있습니다. 완전히 다 도는데 두 시간 삼십 분 걸립니다. 질문 있나요?

Turistas: No.
관광객: 아니요.

Guía: Bueno, espero que disfruten el recorrido.
안내원: 네, 즐거운 여정되시기 바랍니다.

Vocabulario

interés m. 관심, 흥미
breve adj. 짧은, 간결한
completo/a adj. 완전한, 완벽한
durar v. (시간이) 걸리다
disfruten v. disfrutar(즐기다)의 접속법 현재 3인칭 복수

C. EL PASEO 투어

Guía: Nuestra visita empieza aquí, en la Plaza de la Constitución. A su izquierda pueden ver la Catedral Metropolitana y, al fondo, el Palacio Nacional. Espero que tengan oportunidad de visitar alguno de ellos.

안내원: 우리의 방문은 이곳 헌법광장에서 시작합니다. 좌측으로 대성당을 볼 수 있고 정면에서 대통령궁을 볼 수 있습니다. 여러분이 그 장소 중 일부를 방문할 기회를 갖기를 바랍니다.

...

Guía: Ahora estamos frente al Palacio de Bellas Artes y la torre que está en la esquina es la Torre Latinoamericana.

안내원: 이제 우리는 국립 예술원 앞에 있고 모퉁이에 있는 탑은 라틴탑입니다.

Manse: Pero, ¡qué lugar tan impresionante! ¿Podría tomarme una foto, por favor?

만세: 매우 인상적인 장소군요! 저에게 사진 한 장 찍어주실 수 있나요?

Guía: Claro. una, dos, tres. Listo.

안내원: 물론이지요. 하나, 둘, 셋. 됐어요.

Manse: Señorita, ¿podría recomendarme un lugar para comer? Quiero comer en un restaurante que sea típico y, sobre todo, que tenga buena comida.

만세: 저에게 식사할 장소를 추천해줄 수 있나요? 전통적이고 무엇보다도 음식이 맛있는 식당에서 식사를 하고 싶어요.

Guía: Sí, en la parada 4, hay muchos restaurantes que son típicos y tienen platos muy sabrosos. Además hay un mercado tradicional.

안내원: 네, 4번 정류장에 전통적이고 매우 맛있는 음식이 있는 식당들이 많습니다. 전통시장도 있습니다.

Manse: Muchas gracias, señorita. Espero encontrar un buen restaurante.

만세: 대단히 감사합니다. 좋은 식당을 찾고 싶네요.

Vocabulario

constitución f. 헌법, 체제

metropolitano/a adj. 대도시의

palacio m. 궁전

tengan v. tener(소유하다)의 접속법 현재 3인칭 복수

oportunidad f. 기회

enfrente de -앞에

bellas artes 미술(복수형으로 쓰임)

torre f. 탑

tradicional adj. 전통적인

encontrar v. 찾다, 찾아내다

이것만은 알아두자!

1. 접속법 현재시제

(1) 활용어미가 -ar형과 –er/-ir형, 두 가지로 구분된다. -ar형은 직설법 -er동사와, –er/-ir형은 직설법 -ar동사와 유사한 활용어미를 가지므로 유의해야 한다.

인칭과 수	-ar		-er/-ir		
	활용어미	hablar	활용어미	comer	vivir
Yo	**-e**	habl**e**	**-a**	com**a**	viv**a**
Tú	**-es**	habl**es**	**-as**	com**as**	viv**as**
Él, Ella, Ud.	**-e**	habl**e**	**-a**	com**a**	viv**a**
Nosotros(-as)	**-emos**	habl**emos**	**-amos**	com**amos**	viv**amos**
Vosotros(-as)	**-éis**	habl**éis**	**-áis**	com**áis**	viv**áis**
Ellos, Ellas, Uds.	**-en**	habl**en**	**-an**	com**an**	viv**an**
동일 유형의 동사들	llamar 부르다 llenar 채우다 necesitar 필요하다 pagar 지불하다 regresar 돌아오다		vender 팔다 leer 읽다 abrir 열다 escribir 쓰다		

(2) 직설법 현재 1인칭 단수 형태에서 불규칙을 보이는 동사는 대부분 접속법 현재에서도 같은 유형의 불규칙을 보인다.

pensar 생각하다 (pienso): piense, pienses, piense, pensemos, penséis, piensen

cerrar 닫다 (cierro): cierre, cierres, cierre, cerremos, cerréis, cierren

poder ~할 수 있다 (puedo): pueda, puedas, pueda, podamos, podáis, puedan

volver 돌아오다 (vuelvo): vuelva, vuelvas, vuelva, volvamos, volváis, vuelvan

pedir 요구하다 (pido): pida, pidas, pida, pidamos, pidáis, pidan

servir 봉사하다 (sirvo): sirva, sirvas, sirva, sirvamos, sirváis, sirvan

hacer 하다 (hago): haga, hagas, haga, hagamos, hagáis, hagan

decir 말하다 (digo): diga, digas, diga, digamos, digáis, digan
salir 나가다 (salgo): salga, salgas, salga, salgamos, salgáis, salgan
poner 놓다 (pongo): ponga, pongas, ponga, pongamos, pongáis, pongan
oír 듣다 (oigo): oiga, oigas, oiga, oigamos, oigáis, oigan
traer 가져오다 (traigo): traiga, traigas, traiga, traigamos, traigáis, traigan
venir 오다 (vengo): venga, vengas, venga, vengamos, vengáis, vengan
seguir 계속하다 (sigo): siga, sigas, siga, sigamos, sigáis, sigan
conocer 알다 (conozco): conozca, conozcas, conozca, conozcamos, conozcáis, conozcan
dar 주다 dé, des, dé, demos, deis, den

2. 목적어로 쓰인 명사절에서의 접속법

(1) 주절의 동사가 바람, 소망, 요구, 간청 등을 의미하는 경우 목적어로 쓰인 종속절에 접속법을 사용한다. 이 유형에 속하는 동사로는 desear '원하다', esperar '기대하다', intentar '시도하다', pedir '요구하다', preferir '선호하다', pretender '의도하다', querer '원하다', rogar '간청하다', suplicar '간청하다' 등이 있다.

Espero que no llueva. 비가 오지 않기를 바랍니다.
Quiero que me dé un asiento. 제게 좌석을 하나 주시기 바랍니다.

(2) 목적어로 쓰인 종속절에 접속법을 사용하는 경우에는 주절의 주어와 종속절의 주어는 달라야 하며, 동일 주어인 경우에는 접속법을 쓰지 않고 동사원형을 쓴다.

Quiero que compres un boleto. 나는 네가 표를 사기 원한다.
Quiero comprar un boleto. 나는 표를 사기 원한다.

3. cuando 시간의 부사절

(1) cuando로 도입되는 절은 '~할 때'를 나타내며, 사건이 지난 일이나 현재의 습관, 또는 현재의 상황에서 반복적인 것 등이면 직설법 시제를 쓴다.

No pueden levantarse cuando el autobús está en movimiento.

버스가 움직일 때에는 일어나실 수 없습니다.

(2) 아직 일어나지 않은 일이면 접속법 시제를 쓴다.

Cuando lleguemos a sitios de interés, haremos una parada breve.

흥미로운 장소에 도착할 때, 잠시 정차하겠습니다.

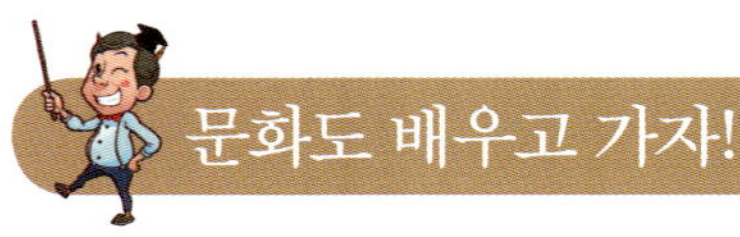

PARTE 2

멕시코시티 여행 명소

어느 도시이든 요즘에는 '시내관광' 코스가 다양하게 준비되어 있다. 가급적이면 도시에 도착해서 먼저 도시순환 관광버스를 타 볼 것을 추천한다. 왜냐하면 먼저 전체적인 도시 모습을 둘러 보면서 세세한 방문 계획을 그려볼 수 있기 때문이다.

멕시코 시티에는 역사의 흔적을 그대로 담고 있는 소깔로(Zócalo)광장, 시티의 허파 역할을 하는 차뿔떼뻭 공원(국립인류학박물관, 메모리얼 파크 포함), 디에고 리베라의 멕시코 역사를 담은 벽화가 있는 대통령궁(Palacio Nacional), 아즈텍 피라미드를 파괴하고 그 위에 건설한 상징적인 성당인 대성당, 시티의 상징적 건물인 라틴탑(la Torre Latinoamericana), 리베라, 오로스꼬, 시께이로스, 따마요 등 멕시코 거장 벽화가들의 작품이 전시되어 있는 국립예술원(Palacio de Bellas Artes) 등이 멕시코와 멕시코인의 정체성을 이해하는 데 빼 놓을 수 없는 명소들이다.

멕시코의 대표 음식

옥수수로 만든 '또르띠야'는 멕시코 대표 음식문화 아이콘으로 고대 문명의 아이콘인 옥수수가 기본 재료이다. 또르띠야를 만드는 방법은 다양하나 전통적으로 옥수수 알갱이를 하루 밤 동안 담가서 불린 다음, 껍질을 벗기고 삶은 후 소금으로 간을 한다. 이 옥수수 반죽을 우리나라 만두피보다 약간 넓고 크게 빚어 구우면 완성된다. 멕시코를 비롯한 많은 나라에서 거의 모든 요리의 기본이라 할 수 있다.

멕시코의 또 다른 요리는 '따꼬(taco)'인데 이는 멕시코의 대표적인 요리로 옥수수 또르띠야에 다 조리된 쇠고기, 돼지고기 등을 각종 소스, 레몬, 치즈 등으로 양념해서 싸서 먹는다. 따꼬는 길거리뿐만 아니라 고급 레스토랑에서도 맛 볼 수 있는 요리이다.

한편 '따말(tamal)'은 옥수수 가루 반죽에 고기, 채소 등을 넣고 옥수수 껍질이나 바나나 잎에 싸서 찜통에 쪄서 조리한다. 멕시코뿐만 아니라 다른 국가 또는 지역에 따라 모양과 맛이 다르다.

멕시코 하면 고추를 빼놓을 수 없다. 고추는 멕시코가 원산지로 고추를 사용하는 대표적인 음식은 몰레(mole) 소스로 멕시코인의 정체성을 의미하기 때문에 주부의 음식 솜씨는 바로 몰레에서 시작된다고 할 수 있다.

스페인어로 말해보자!

El futuro

Comenta con tu compañero/a:

¿Qué tipo de trabajo quieres tener en el futuro? ¿Por qué? Piensa en el sueldo, horario, lugar, actividades, oportunidades, ambiente, etc.

Yo quiero un empleo { *que sea/esté/tenga...*
en el que pueda/haya...

memorándum

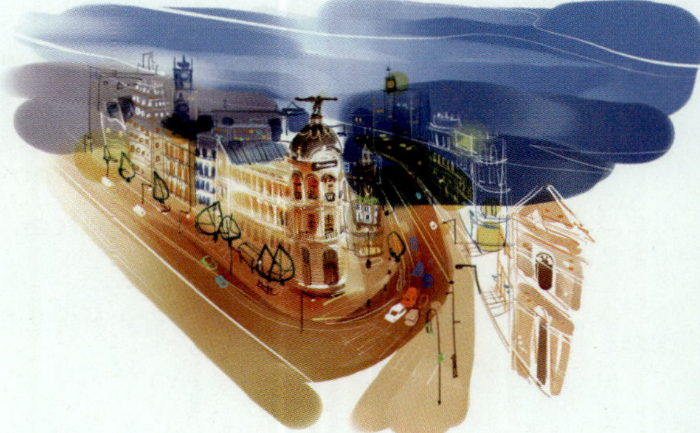

LECCIÓN 4

HACIA CANCÚN

깐꾼을 향해서

A. EL EMBARQUE 탑승

Manse: ¡Qué raro que no nos llamen para embarcar el avión! ¿Qué pasará?
만세: 비행기에 탑승하라고 우리를 부르지 않는 게 이상하네요! 무슨 일일까요?

Pasajero: Sí, es muy extraño que no nos llamen, ya es la hora de embarcar. Espero que no haya un retraso.
승객: 네, 우리를 부르지 않는 게 정말 이상해요. 탑승할 시간이거

Vocabulario

- hacia prep. 쪽으로
- embarque m. 탑승
- raro/a adj. 이상한, 드문
- embarcar v. 탑승하다
- avión m. 비행기
- pasará v. pasar(지나가다, 보내다)의 직설법 단순미래 3인칭 단수
- extraño/a adj. 기묘한, 이상한
- haya v. haber(조동사)의 접속법 현재 3인칭 단수

든요. 지연이 되지 않기를 바랍니다.

Altavoz: Su atención, por favor. Señores pasajeros del vuelo 345CNAA de Aerolíneas Azteca con destino a la ciudad de Cancún, pasen a la puerta A5 para abordar.
확성기: 주목해 주시기 바랍니다. 깐꾼시로 가는 아스떼까 항공 345CNAA편 승객 여러분은 탑승을 위해 게이트 A5로 가시기 바랍니다.

Manse: Ese es el vuelo.
만세: 저게 그 비행기구나.

Altavoz: Repito, pasajeros del vuelo 345CNAA vayan a la puerta A5. El embarque empezará en unos minutos.
확성기: 다시 말씀 드립니다. 345CNAA편 승객은 게이트 A5로 가시기 바랍니다. 잠시 후 탑승이 시작됩니다.

Azafata: Señores pasajeros, por favor, hagan una fila aquí y tengan su boleto en la mano.
여승무원: 승객 여러분, 여기 줄을 서주시고 표를 소지해 주시기 바랍니다.

Manse: Buenos días, tenga.
만세: 안녕하세요, 여기 있어요.

Azafata: Gracias, pase.
여승무원: 감사합니다. 들어가세요.

Vocabulario

retraso m. 지연, 늦음
vuelo m. 비행
aerolínea f. 항공로, 항공회사
vayan v. ir(가다)의 접속법 현재 3인칭 복수
fila f. 열, 줄

B. EL ATERRIZAJE 착륙

Capitán: Señores pasajeros, su atención, por favor. Aerolíneas Azteca les informa que en unos momentos iniciaremos el aterrizaje en el aeropuerto de la ciudad de Cancún. Por favor, permanezca sentado en su lugar y abróchese el cinturón de seguridad.
Levante las ventanillas y mantenga su asiento en la posición inicial.
La hora local es 9:40 de la mañana y la temperatura es de 15 grados centígrados.

기장: 승객 여러분, 주목해 주시기 바랍니다. 아스떼까 항공은 잠시 후 비행기가 깐꾼 시 공항에 착륙한다는 것을 알려드립니다. 자리에 앉은 채로 계시고 안전벨트를 매주시기 바랍니다. 창문을 올리고 의자를 세워 주시기 바랍니다. 현지시간은 오전 9시 40분이고 온도는 섭씨15도입니다.

...

Manse: ¡Qué emoción! Por fin veré a mi amigo Carlos.

Vocabulario

- aterrizaje m. 착륙
- informar v. 알리다, 통보하다
- iniciará v. iniciar(시작하다)의 직설법 미래 3인칭 단수
- aeropuerto m. 공항
- permanezca v. permanecer(유지하고 있다)의 접속법 현재 3인칭 단수
- abróchese v. abrocharse(채우다, 잠그다)의 3인칭 단수 명령형
- posición f. 위치, 지위
- inicial adj. 처음의
- centígrado adj. 섭씨의
- emoción f. 감동, 감격
- veré v. ver(보다)의 직설법 미래 1인칭 단수

만세: 너무 감격스럽다! 마침내 내 친구 까를로스를 보겠구나.

Capitán: Señores y señoras, hemos aterrizado. Por favor, no se levante hasta que el avión pare completamente. Tenga sus documentos en orden y no olvide sus pertenencias. Si tiene alguna pregunta, por favor, acérquese a nuestro personal. Con gusto los ayudará. Gracias por volar con Aerolíneas Azteca y esperamos verlos de nuevo.

기장: 승객 여러분, 착륙했습니다. 비행기가 완전히 멈출 때까지 일어서지 마시기 바랍니다. 입국서류를 준비해주시고 소지품을 잊지 마시기 바랍니다. 질문이 있으면 승무원에게 문의하시기 바랍니다. 기꺼이 도와드릴 겁니다. 아스떼까 항공으로 여행을 해주셔서 감사드리며 다시 만나뵙기를 바랍니다.

pare v. parar(멈추다, 정지하다)의 접속법 현재 3인칭 단수

completamente adv. 완전히

documento m. 서류

orden m. 순서, 질서

pertenencia f. 소지품

acérquese v. acercarse(접근하다, 가까이 가다)의 3인칭 명령형

personal m. 직원

volar v. 날다, 비행하다

C. EN EL MOSTRADOR 입국심사대에서

Azafata: Buenos días, dígame.

여승무원: 안녕하세요, 말씀하세요.

Manse: Buenos días, señorita. No encuentro mi

maleta.
만세: 안녕하세요. 제 가방이 없어요.

Azafata: ¿Está usted seguro?
여승무원: 확실하신가요?

Manse: Pues no la vi en la banda.
만세: 수하물 수취대에서 보지 못했어요.

Azafata: No se preocupe. Deme, por favor, su boleto de equipaje. Voy a buscar en el sistema.
여승무원: 걱정하지 마세요. 저에게 짐표를 주세요. 제가 전산 시스템에서 찾아볼게요.

Manse: Aquí está.
만세: 여기 있어요.

Azafata: Descríbame su maleta, por favor.
여승무원: 가방에 대해 설명을 해주세요.

Manse: Negra, tamaño mediano...
만세: 검정색에 중간 크기고...

Azafata: Buenas noticias, su maleta está aquí.
여승무원: 좋은 소식이 있어요. 가방이 여기 있어요.

Manse: ¿De verdad?
만세: 정말이요?

Azafata: Sí, un momento.
여승무원: 네, 잠깐만요.

Manse: Gracias.
만세: 감사합니다.

Vocabulario

mostrador m. 진열대, 스탠드
maleta f. 여행가방
banda f. 벨트, 수하물 수취대
equipaje m. 짐, 수하물
sistema m. 체계, 시스템
tamaño m. 크기
mediano/a adj. 중간의

이것만은 알아두자!

1. 긍정 명령

	hablar	comer	vivir
Tú	habl<u>a</u>	com<u>e</u>	viv<u>e</u>
Ud.	habl<u>e</u>	com<u>a</u>	viv<u>a</u>
Vosotros(-as)	habl<u>**ad**</u>	com<u>**ed**</u>	viv<u>**id**</u>
Uds.	habl<u>**en**</u>	com<u>**an**</u>	viv<u>**an**</u>

(1) Tú에 대한 명령형은 직설법 현재시제 단수 3인칭 형태와 동일하다.

<u>**Habla**</u> despacio. 천천히 말해.

<u>**Permanece**</u> sentado. 앉은 채로 있어.

(2) 불규칙은 2인칭 단수 활용형에만 나타난다.

tener 가지다 ⇒ ten

venir 오다 ⇒ ven

poner 놓다 ⇒ pon

salir 외출하다 ⇒ sal

decir 말하다 ⇒ di

hacer 하다 ⇒ haz

ir 가다 ⇒ ve

ser ~이다 ⇒ sé

<u>**Ten**</u> tus documentos en orden. (너) 네 서류들을 정돈해서 가지고 있어.

<u>**Haz**</u> una fila aquí. (너) 여기 줄 서.

(3) Vosotros(-as)에 대한 명령형은 동사원형에서 -r를 빼고 -d를 붙인다.

<u>**Hablad**</u> despacio. (너희들) 천천히 말해.

<u>**Permaneced**</u> sentados. (너희들) 앉은 채로 있어.

(4) Ud.와 Uds.에 대한 명령형은 접속법 현재시제에서처럼 -ar동사는 -e과 -en으로, -er와 -ir동사는 -a와 -an으로 바뀐다.

Levante las ventanillas. 창문을 올리세요.

Pasen a la puerta A5. 게이트 A5로 가세요.

(5) 재귀 목적격 대명사를 포함해서 목적격 대명사는 긍정 명령형 뒤에 붙이고, 원래의 강세 위치가 변하지 않도록 강세 부호를 붙인다.

Abróchese el cinturón de seguridad. 안전 벨트를 매세요.

Acérquese a nuestro personal. 우리 직원에게 오세요.

2. 부정 명령

	hablar	comer	vivir
Tú	no habl**es**	no com**as**	no viv**as**
Ud.	no habl**e**	no com**a**	no viv**a**
Vosotros(-as)	no habl**éis**	no com**áis**	no viv**áis**
Uds.	no habl**en**	no com**an**	no viv**an**

(1) 부정 명령의 경우 tú와 vosotros의 활용형도 접속법과 동일하다.

No **olvides** tus pertenencias. (너) 소지품을 잊지마.

No **habléis**. (너희들) 말하지마.

(2) 부정 명령형에서 목적격 대명사는 동사 앞에 쓰인다.

No las **olviden**. 그것들을 잊지 마세요.

No os **levantéis**. (너희들) 일어나지마.

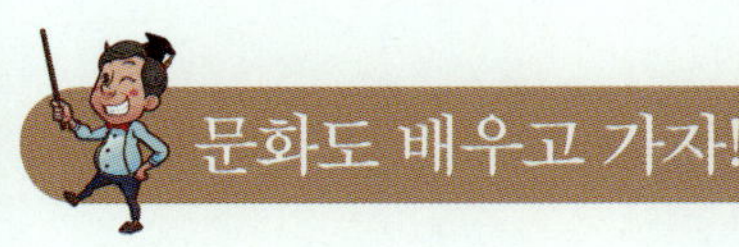

라틴아메리카 주요 항공사

라틴아메리카 국가들을 여행하다 보면 예기치 않게 비행 여정에 차질이 생긴다. 물론 수하물의 분실이나 훼손도 발생한다. 사전에 짐을 사진 찍어 보관해 두면 분실물 신고 시 간단하게 신고할 수 있고 빠르게 회수할 수 있다. 공공연하게 비행기 탑승 게이트가 바뀌거나 항공편이 변경되는 경우도 있어 공항에서는 항상 귀를 기울이고 주위를 살피는 것이 좋다.

라틴아메리카의 6대 항공사는 다음과 같다. LATAM, GOL Transportes Aéreos, Avianca, Copa Airlines, Aeromexico, Aerolíneas Argentinas. 이 중 LATAM은 2010년 칠레의 대표적인 항공사 란항공(LAN airlines)과 브라질의 최대 항공사 탐항공(TAM airlines)이 합병되어 신설된 항공그룹(라탐항공그룹LATAM airlines group)으로 세계 항공 업계의 새로운 강자로 등장하게 되면서 세계 최대 규모의 항공사 중 하나로 성장하고 있다. 한편 Avianca 역시 TACA와의 합병을 통해 Avianca-TACA 홀딩컴퍼니가 되면서 라틴아메리카 항공시장을 LATAM과 양분하고 있다.

LATIN AMERICA TOP 10 AIRLINES

SOURCE CAPA - CENTRE FOR AVIATION AND INNOVATA | WEEK STARTING 31-MAR-2013

RANKING	CARRIER NAME	SEATS
1	VARIG-Gol Airlines/vrg Linhas Aereas Sa	156,124
2	TAM Linhas Aereas	141,140
3	Lan Airlines	90,886
4	Azul Airlines	77,560
5	Avianca	57,786
6	Aeromexico	55,899
7	Copa Airlines	41,387
8	Interjet	31,500
9	Volaris	27,918
10	Aerolíneas Argentinas	26,354

스페인어로 말해보자!

1. Platillos y bebidas

Selecciona algún plato típico o bebida típica de tu país y:

a) Menciona los ingredientes para su preparación.
b) Explica su elaboración (usa imperativos tú o usted)

2. Localización

Selecciona algún lugar y:

a) Menciona dónde está.
b) Explica cómo llegar ahí (usa imperativos tú o usted)

memorándum

LECCIÓN
5

LA VISITA

방문

 A. EL REENCUENTRO 재회

Carlos: Oye, Manse, aquí estoy.
까를로스: 이봐, 만세, 나 여기 있어.

Manse: Hola, Carlos, ¿cómo estás?
만세: 안녕, 까를로스, 어떻게 지내?

Carlos: Bien, estoy feliz de verte, ¿y tú?
까를로스: 좋아. 너를 만나서 행복해. 넌?

Manse: Yo también, ¡qué gusto volver a verte!

Vocabulario

reencuentro m. 재회
feliz adj. 행복한

만세: 나도 좋아. 너를 다시 만나서 기뻐!

Carlos: ¡No nos hemos visto desde que regresé de Corea! Dame tu maleta.
까를로스: 내가 한국에서 돌아온 후 만나지를 못했구나! 가방 줘.

Manse: Gracias, tú siempre tan amable. Está un poco pesada.
만세: 고마워. 너는 늘 매우 친절하구나. 약간 무거워.

Carlos: No te preocupes. Dime, ¿qué tal la Ciudad de México?
까를로스: 괜찮아. 말해봐, 멕시코시티는 어땠어?

Manse: Me encantó. Creo que es una ciudad muy interesante, con muchos contrastes.
만세: 좋았어. 대조적인 것이 많은 정말 흥미로운 도시야.

Carlos: Sí, y ya verás que Cancún también te va a gustar. Vamos a casa para que descanses un poco y después iremos a la playa.
까를로스: 그래. 그리고 깐꾼도 네 마음에 들 거야. 잠깐 쉬러 우리 집에 갔다가 그다음에 해변으로 가자.

Manse: Perfecto, vamos.
만세: 좋아. 가자.

Vocabulario

pasado/a adj. 지난

contraste m. 대조, 대비

descanses v. descansar(쉬다)의 접속법 현재 2인칭 단수

playa f. 해변

B. MI CASA ES TU CASA 네 집처럼 편하게 지내

Carlos: Bienvenido a mi departamento. Entra.
까를로스: 내 아파트에 온 걸 환영해. 들어와.

Manse: Gracias.
만세: 고마워.

Carlos: Como decimos los mexicanos: *mi casa es tu casa* o, más bien, mi departamento es tu departamento. Es un poco pequeño pero tiene todo lo necesario.
까를로스: 멕시코 사람들이 '내 집이 너의 집이야'라고 말하는 것처럼 '내 아파트가 너의 아파트야'. 좀 작지만 필요한 건 다 있어.

Manse: Es muy bonito.
만세: 아주 예쁘다.

Carlos: Oye, cuéntame. ¿Cómo está tu familia?
까를로스: 얘기해 줘. 너의 가족은 어떠니?

Manse: Muy bien, ellos se acuerdan mucho de ti. Por cierto, mi madre me dio esto para ti. Toma. Me dijo muchas veces "no olvides darle este regalo".

Vocabulario

- departamento m. 아파트
- acordarse de 기억하다
- cierto/a adj. 확실한

만세: 잘 지내. 우리 가족은 너를 많이 기억해. 어머니가 너를 위해 이것을 주셨어. "이 선물 주는 거 잊지 마라"고 여러 차례 말씀하셨어.

Carlos: A ver, ¿qué es?
까를로스: 어디, 뭐야?

Manse: No sé, ábrelo.
만세: 몰라, 열어봐.

Carlos: ¡Unas máscaras coreanas! Se verán muy bien en mi departamento. Muchas gracias. Le escribiré un mensaje para darle las gracias.
까를로스: 한국의 탈이네! 내 아파트에 매우 잘 어울릴 거야. 정말 고마워. 어머니께 감사하다고 메시지를 보내야겠다.

Vocabulario

máscara f. 가면, 탈
mensaje m. 메시지

C. LA FAMILIA DE CARLOS 까를로스 가족

Manse: Oye, Carlos, ¿esta es tu familia?
만세: 까를로스, 이분들이 너의 가족이니?

Carlos: Sí, es una foto que nos tomamos el año pasado.

까를로스: 응, 작년에 찍은 사진이야.

Manse: Tu familia es más grande que la mía.
만세: 너의 가족은 우리 가족보다 더 많구나.

Carlos: Bueno, es que tengo dos hermanos y tú solo tienes uno.
까를로스: 나는 형제가 둘이고 너는 하나라서 그래.

Manse: ¿También tus hermanos son casados como el mío?
만세: 너희 형제들도 내 형처럼 결혼을 했니?

Carlos: Sí, y tienen hijos como el tuyo, por eso somos muchos. Mira, todos estos son mis sobrinos.
까를로스: 응. 그리고 너희 형처럼 자녀가 있어서 식구가 많지. 봐 봐, 얘네가 다 나의 조카들이야.

Manse: Son mayores que las mías.
만세: 내 조카들보다 더 나이가 많구나.

Carlos: Sí, y mira, aquí están mis padres... El próximo domingo iremos a visitarlos. Quieren conocerte. Quieren darte las gracias porque me ayudaste mucho en Corea.
까를로스: 그래, 여기 봐. 나의 부모님이야... 다음 주에 그분들을 보러 갈 거야. 너를 보고 싶어 하셔. 네가 한국에서 나를 많이 도와주어서 너에게 감사를 표하고 싶어하셔.

Manse: Yo también quiero conocerlos.
만세: 나도 그분들을 만나고 싶어.

Vocabulario

casado/a adj. 결혼한, 기혼의
mismo/a adj. 같은
edad f. 나이, 연배
próximo/a adj. 다음의
ayudaste v. ayudar(도와주다)의 직설법 과거 2인칭 단수

 이것만은 알아두자!

1. 소유사

인칭	전치형 소유형용사	후치형 소유형용사
Yo	**mi, mis**	**mío, mía, míos, mías**
Tú	**tu, tus**	**tuyo, tuya, tuyos, tuyas**
Él, Ella, Ud.	**su, sus**	**suyo, suya, suyos, suyas**
Nosotros(-as)	**nuestro, nuestra, nuestros, nuestras**	**nuestro, nuestra, nuestros, nuestras**
Vosotros(-as)	**vuestro, vuestra, vuestros, vuestras**	**vuestro, vuestra, vuestros, vuestras**
Ellos, Ellas, Uds.	**su, sus**	**suyo, suya, suyos, suyas**

(1) 전치형 소유형용사는 명사 앞에 쓰이는 것으로 명사와 수 일치시킨다. nuestro와 vuestro의 경우에는 성도 일치시킨다.

A: **Mi** casa es **tu** casa. 내 집이 네 집이야.

B: Muchas gracias. 정말 고마워.

A: ¿Son pesadas **vuestras** maletas? 너희들의 가방은 무겁니?

B: Sí, lo son. 그래, 무거워.

(2) 3인칭의 경우에는 문맥상 소유주가 분명할 때 쓰이며, 혼동의 여지가 있을 때는 전치사 de를 사용하여 소유주를 표현한다.

A: ¿Ellos son hermanos de Carlos? 그들은 까를로스의 형지들인가요?

B: Sí, son sus hermanos. 네, 그의 형제들입니다.

(3) 후치형 소유형용사는 명사 뒤에서 명사를 수식하며, 모든 인칭에서 명사와 성수 일치시킨다. 명사 앞에는 관사나 수사 등 다른 요소를 쓴다.

A: ¿Cómo son las sobrinas **tuyas**? 네 조카들은 어떠니?

B: Son muy bonitas. 아주 예뻐.

(4) Ser 동사 다음에는 후치형만 쓰일 수 있으며, 주어와 성수 일치시킨다.

A: ¿Es **tuya** aquella casa? 저 집은 네 것이니?

B: Sí, es **mía**. 그래, 내 것이야.

(5) 소유대명사는 후치형 소유형용사 앞에 정관사를 덧붙여 만든다.

A: ¿Tu familia es más grande que **la mía**? 네 가족이 내 가족보다 크니?

B: Sí, tengo cinco hermanos. 그래, 난 형제가 다섯이야.

2. 간접 목적격 대명사

인칭	직접 목적격 대명사	간접 목적격 대명사
Yo	me	**me**
Tú	te	**te**
Él, Ella, Ud.	lo, la	**le**
Nosotros(-as)	nos	**nos**
Vosotros(-as)	os	**os**
Ellos, Ellas, Uds.	los, las	**les**

(1) 간접 목적격 대명사는 주로 사람을 지칭하며, 지칭 대상과 수만 일치시킨다.

A: ¿**Te** da Carlos su foto? 까를로스가 자기 사진을 네게 주니?

B: No, no **me** da su foto. 아니, 내게 주지 않아.

(2) 3인칭 간접 목적격 대명사 le와 les는 지칭 대상이 명확하지 않을 경우에는 중복형을 써서 명시해 준다.

A: ¿Le da su maleta Manse a Carlos? 만세가 까를로스에게 자기 가방을 주니?

B: Sí, le da la suya. 그래, 그에게 자기 것을 줘.

(3) 동사원형이나 현재분사 및 긍정명령형일 경우에 목적격 대명사를 붙여 써야한다.

A: No olvides darle este regalo. 그에게 이 선물 주는 거 잊지마.

B: No te preocupes. 걱정마.

A: Cuéntame. 내게 얘기해봐.

B: Ya estoy contándote. 이미 네게 얘기하고 있잖아.

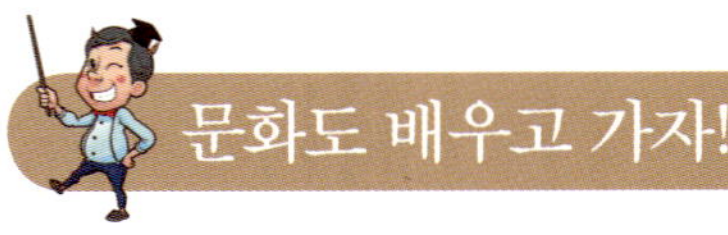

라틴아메리카 가족문화

라틴아메리카의 가족은 우리나라보다 더 대가족이다. 우리나라도 1950~60년대 인구성장률이 높을 때는 한 가족의 구성원 수가 많았으나, 최근에는 크게 감소하고 있다. 라틴아메리카의 가정을 방문해 보면 가족의 규모가 크고, 또 가족 간에 우애가 정겨워서 우리가 잃어버린 대가족의 아름다움을 그리워하게 된다.

라틴아메리카 사회구조의 특징 몇 가지를 보면, 첫째 농촌사회를 중심으로 한 장자 상속제(mayorazgo)의 뿌리가 깊다. 이는 과거 스페인의 가부장적 관습인 장자에게 모든 것을 물려 주는 전통에서 비롯되었다. 둘째, 대부제도(compadrazgo)가 발달되어 있다. 아이가 새로 태어나면 부모는 친척 및 주변 인물들 중에서 대부(padrino)와 대모(madrina)를 지정해 성당에서 세례 의식을 거행한다. 이러한 가족 중심의 확장된 관계는 사회생활로까지 이어지게 되며, 정치, 직장, 사교계 등에까지 대부제도로 얽힌 인물들을 등용하는 친인척중용주의(nepotismo)가 등장하면서 끈끈한 연결고리를 이어나가게 된다. 셋째, 어려서부터 남자 아이들은 카리스마를 몸에 배게 하면서 강한 남성상 즉 마초(macho) 의식을 갖고 성장하게 되는데 이러한 남성우월주의 현상을 마치스모(machismo)라고 한다.

가정을 방문할 때는 정성어린 선물을 준비해 가는 것이 좋다. 꼭 비싼 것이 아니더라도 한국의 아름다움과 전통을 의미하는 탈, 자개 장식장, 미니 병풍, 그림, 부채 외에 장신구 종류가 좋다. 기념일 또는 축하해야 할 때, 모임을 가질 때 등 크고 작은 선물을 나누는 모습이 정겹다.

스페인어로 말해보자!

Pedir un favor

Elabora una conversación telefónica con tu compañero/a:

PERSONA A	PERSONA B
1. Llamas a tu mejor amigo/a por teléfono. Lo/la saludas.	
	2. Recibes una llamada telefónica de tu mejor amigo/a. Respondes el saludo.
3. Dices que necesitas un favor.	
	4. Preguntas qué favor necesita.
5. Dices que necesitas que te preste algún objeto suyo y das una razón.	
	6. Aceptas pero dices que tiene que devolverte el objeto pronto y das una explicación.
7. Dices que no hay problema y que devolverás el objeto pronto.	
	8. Le dices cuándo le prestarás el objeto.
9. Das las gracias y te despides.	
	10. Te despides.

LECCIÓN 6

VIAJE POR LA PENÍNSULA DE YUCATÁN

유까딴 반도 여행

A. EN LA CIUDAD DE CANCÚN 깐꾼 시에서

Manse: La ciudad de Cancún es tan bonita como la Ciudad de México.

만세: 깐꾼 시는 멕시코 시티만큼 아름다워.

Carlos: Sí, pero la vida es muy diferente. A mí me gusta vivir más aquí que en la Ciudad de México.

까를로스: 그래, 그러나 생활은 아주 달라. 나는 멕시코 시티보다 여기서 사는 것을 더 좋아해.

Manse: ¿Por qué?
만세: 왜?

Carlos: Primero, porque la ciudad de Cancún es menos poblada que la Ciudad de México.
까를로스: 우선 깐꾼 시는 멕시코 시티보다 인구가 더 적기 때문이야.

Manse: Sí, en la Ciudad de México hay un montón de gente.
만세: 그래, 멕시코 시티에는 인구가 엄청 많아.

Carlos: Y por lo tanto, aquí hay menos embotellamientos. Además, Cancún es más caluroso que la capital. Yo prefiero el calor.
까를로스: 그래서 여기는 교통이 덜 혼잡해. 게다가 깐꾼은 수도보다 더 따뜻하지. 나는 더운 것이 더 좋아.

Manse: A mí también me gusta más el calor que el frío.
만세: 나도 추운 것보다 더운 것이 더 좋아.

Carlos: En fin, vivir cerca del mar es más relajante. Mira, ya estamos aquí en la playa.
까를로스: 어쨌든 바다 근처에 사는 것이 더 여유로워. 자, 이제 해변에 도착했어.

Manse: ¡Sin palabras!
만세: 말로 표현할 수가 없네!

Vocabulario

poblado/a adj. (인구가) 살고 있는, 밀집되어 있는
montón m. 더미, 다수
embotellamiento m. 교통 체증
relajante adj. 이완시키는, 마음을 편하게 하는
palabra f. 단어, 말

B. EN LA PLAYA 해변에서

Manse: ¡Vaya! El mar Caribe es bellísimo.
만세: 와! 카리브해가 매우 아름답구나.

Carlos: Sí, y mira la arena. Es blanca, blanquísima.
까를로스: 그래, 모래를 봐. 하얗지, 아주 하얘.

Manse: Me siento tan feliz en la playa...
만세: 해변에 있으니 정말 행복하구나...

Carlos: En esta parte de México hay de todo: playas, sitios arqueológicos, parques naturales, centros nocturnos, etc.
까를로스: 멕시코 이 지역에는 모든 게 다 있어. 해변, 유적지, 자연공원, 밤 문화의 중심지 등.

Manse: Sí, por eso hay muchísimos extranjeros.
만세: 그래, 그래서 외국인이 무척 많구나.

Carlos: Y bien, ¿qué quieres hacer? ¿Nadar, bucear o surfear?
까를로스: 자, 그럼 무엇을 하고 싶니? 수영, 잠수 아니면 서핑?

Manse: Solo quiero nadar, tomar el sol, leer

Vocabulario

- bellísimo/a adj. 가장 아름다운
- arena f. 모래
- blanco/a adj. 하얀
- blanquísimo/a adj. 엄청나게 하얀
- feliz adj. 행복한
- arqueológico/a adj. 고고학의, 옛날의
- parque m. 공원
- natural adj. 자연의, 천연의
- nocturno/a adj. 밤의
- bucear v. 잠수하다
- surfear v. 서핑하다

y beber cerveza friísima porque hace muchísimo calor.

만세: 수영하고, 일광욕하고 책 읽고 또 시원한 맥주를 마시고 싶어, 너무 더워서.

Carlos: Sí, es mejor que descanses porque después visitaremos muchos lugares y caminaremos mucho.

까를로스: 그래. 너는 쉬는 게 좋겠어. 나중에 많은 장소를 둘러보고 많이 걸어야 하니까.

Vocabulario

friísimo/a adj. 매우 차가운

visitaremos v. visitar(방문하다)의 직설법 미래 1인칭 복수

C) EL DIARIO DE VIAJE 여행일기

México, 10 de agosto

멕시코, 8월 10일

Mi viaje por México ha sido increíble. He comido muchos tacos y enchiladas, he escuchado mariachi, he bebido mucha cerveza, etc. Las playas son muy hermosas y los mexicanos son amabilísimos.

Vocabulario

diario m. 일기

taco m. 따꼬(멕시코 요리의 일종)

enchilada f. 엔칠라다(멕시코 요리의 일종)

he escuchado v. escuchar(듣다, 청취하다)의 직설법 현재완료 1인칭 단수

mariachi m. 마리아치(악단, 멤버)

amabilísimo/a adj. 아주 친절한

나의 멕시코 여행은 멋졌다. 따꼬와 엔칠라다를 많이 먹고 마리아치 음악을 듣고 맥주를 많이 마셨다. 해변은 아주 아름답고 멕시코 사람들은 매우 친절하다.

Mi amigo Carlos y yo fuimos hoy a Chichén Itzá, un lugar mágico y con una historia interesante. Mi sueño es vivir en esta parte de México.
내 친구 까를로스와 나는 오늘 치첸이사에 갔는데 그곳은 매우 신비스럽고 흥미로운 역사를 갖고 있는 곳이다. 나의 꿈은 멕시코 이 지역에서 사는 것이다.

Todos los días iría a la playa, correría por las mañanas junto al mar Caribe, visitaría todas las zonas arqueológicas, comería muchos tacos, comida yucateca y saldría con mi amigo Carlos por las noches a los bares. Sería muy feliz.
매일 해변에 가고 오전에 카리브해 근처에서 달리기를 하고 유적지를 전부 방문하고 따꼬와 유까딴 지역의 음식을 많이 먹고 까를로스와 밤에 바에 갈텐데... 매우 행복하겠지...

En fin, es hora de continuar mi viaje. Mañana salgo para Colombia, ahí, veré a mi amigo Fernando. Después, juntos viajaremos por otros países de América del Sur.
이제 내 여행을 계속할 때다. 내일 콜롬비아를 향해서 출발한다. 거기서 내 친구 페르난도를 만날 것이다. 그런 다음 우리는 함께 남미 국가들을 여행할 것이다.

Vocabulario

mágico/a adj. 마법의

correría v. correr(달리다)의 직설법 가정미래 3인칭 단수

yucateco/a adj. 유까딴의

bar m. 바(술집)

이것만은 알아두자!

1. 비교급

(1) 'más + 명사/형용사/부사/Ø + que'는 '~보다 ~하다'라는 우등비교 표현이다.

Cancún es más bonito que Acapulco. 깐꾼은 아까뿔꼬보다 더 예쁘다.

Me gusta más el calor que el frío. 나는 추운 것보다 더운 것이 더 좋다.

(2) 'menos + 명사/형용사/부사/Ø + que'는 '~보다 덜 ~하다'라는 열등비교 표현이다.

Acapulco es menos bonito que Cancún. 아까뿔꼬는 깐꾼보다 덜 예쁘다.

Me gusta menos el frío que el calor.

나는 더운 것보다 추운 것을 덜 좋아한다.

(3) 'tan(to) + 명사/형용사/부사/Ø + como'는 '~만큼 ~하다'라는 동등비교 표현이다.

México es tan bonito como España. 멕시코는 스페인만큼 예쁘다.

Los mexicanos comen tan bien como los españoles.

멕시코 사람들은 스페인 사람들만큼 잘 먹는다.

2. 절대 최상급

(1) 형용사나 부사 뒤에 '-ísimo'를 붙여서 '정말 ~하다'라는 의미로 쓴다.

El mar Caribe es bellísimo. 카리브해는 정말 아름답다.

Hay muchísimos extranjeros. 정말 많은 외국인들이 있다.

(2) 자음으로 끝나면 바로 뒤에 '-ísimo'를 붙이고 모음으로 끝나면 모음을 없애고 '-ísimo'를 붙인다.

fácil 쉬운 ⟹ facilísimo 정말 쉬운

difícil 어려운 ⟹ dificilísimo 정말 어려운

interesante 흥미로운 ⟹ interesantísimo 정말 흥미로운

aburrido 지루한 ⟹ aburridísimo 정말 지루한

(3) 불규칙적인 유형도 있다.

amable 다정한 ⇒ amabilísimo 정말 다정한

blanco 하얀 ⇒ blanquísimo 매우 하얀

rico 부유한, 맛있는 ⇒ riquísimo 정말 부유한, 정말 맛있는

frío 차가운 ⇒ friísimo 정말 차가운

3. 가정미래

인칭	활용어미	hablar	comer	vivir
Yo	-ía	habla**ría**	come**ría**	vivi**ría**
Tú	-ías	habla**rías**	come**rías**	vivi**rías**
Él, Ella, Ud.	-ía	habla**ría**	come**ría**	vivi**ría**
Nosotros(-as)	-íamos	habla**ríamos**	come**ríamos**	vivi**ríamos**
Vosotros(-as)	-íais	habla**ríais**	come**ríais**	vivi**ríais**
Ellos, Ellas, Uds.	-ían	habla**rían**	come**rían**	vivi**rían**

(1) 불규칙동사

hacer 하다: haría, harías, haría, haríamos, haríais, harían

decir 말하다: diría, dirías, diría, diríamos, diríais, dirían

saber 알다: sabría, sabrías, sabría, sabríamos, sabríais, sabrían

poder 할 수 있다: podría, podrías, podría, podríamos, podríais, podrían

querer 좋아하다: querría, querrías, querría, querríamos, querríais, querrían

tener 가지다: tendría, tendrías, tendría, tendríamos, tendríais, tendrían

poner 놓다: pondría, pondrías, pondría, pondríamos, pondríais, pondrían

salir 나가다: saldría, saldrías, saldría, saldríamos, saldríais, saldrían

(2) 과거로부터 본 미래를 표현한다.

Dijo que viajaría por Chichén Itzá. 치첸이사로 여행할 것이라고 말했다.

(3) **현재 하고 싶지만 가능성이 희박한 일에 대한 아쉬움을 표현한다.**

Todos los días iría a la playa. 매일 해변에 갈 텐데.

Me gustaría ir a verte. 너를 보러 갈 수 있으면 좋을 텐데.

(4) **정중한 표현에 쓰인다.**

A: ¿Podría ayudarme? 도와주실 수 있겠습니까?

B: Claro. 물론입니다.

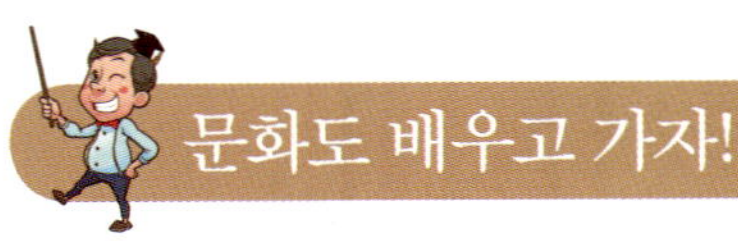

아름다운 해변 도시 깐꾼

깐꾼은 UN의 세계관광기구가 인증한 국제 휴양도시다. 카리브해의 아름다운 바다를 배경으로 최첨단의 리조트 시설이 완비되어 있어 세계적인 명성을 누리고 있다. 최근 우리나라 신혼부부에게 신혼여행 선호 지역 1위로 선정되기도 했다. 마야어로 칸쿤은 '뱀의 둥지'를 의미한다. 칸쿤 주변의 마야 유적지로는 뚤룸, 치첸이사(Chichén Itzá) 등이 있다.

멕시코 대표 주류, 떼낄라

떼낄라(tequila): 멕시코에는 용설란으로 빚은 술이 다양한데, 용설란의 일종인 마게이(maguey)를 자른 후 발효시키고 그 용액을 증류시킨 것이 떼낄라다. 알코올 도수는 약 40도로 생산지 표시를 넣을 수 있는 것은 할리스꼬주의 떼낄라 마을에서 생산되는 것으로 제한하고 있다.

유까딴과 우리나라 선조들의 가슴 아픈 이주사

유까딴 메리다 지역은 우리 선조들의 '에네껜(Henequén, 용설란의 일종, 우리나라에서는 애니깽으로 더 알려짐.)' 이라는 아프고도 슬픈 역사가 담긴 곳이다. 일본 인력송출회사 '대륙식민합자회사'와 현지 이민 브로커들이 짜고 '멕시코 유까딴 주 애니깽 농장주협회'의 대리인 자격으로 서울·인천 등 전국에서 이민 노동자를 모집했다. 당시 우리나라는 러일전쟁(만주와 한국의 지배권을 놓고 러시아와 일본 간 전쟁, 1904~1905)과 을사조약(1905년 일본의 강압으로 한국 외교권 박탈을 중심으로 한 조약) 등으로 인해 삶이 피폐해졌으며, 아울러 19세기 중반 이후 이미 가난과 배고픔, 지배층의 수탈 등의 요인으로 중국, 러시아, 하와이 등지로의 자발적 이민이 있었다. 1905년 4월 4일 인천 제물포항을 떠난 이민 모집단 1,033명은 영국 상선(S.S. Ilford)을 타고 태평양을 건너 멕시코 서부 오아하까(Oaxaca)주의 살리나 끄루스(Salina Cruz)항에 도착했다.

여기서 육로를 통해 동부 해안의 베라끄루스(Veracruz)의 꼬아짜꼬알꼬스(Coatzacoalcos)항에 도착하고 다시 배로 이동하여 메리다(Mérida)의 쁘로그레소(Progreso)항에 1905

년 5월 15일 도착해서 25개 지역 농장주에게 경매를 통해 여러 에네껜 농장 등으로 분산 배치 되었다. 일부는 육로로 도착하기도 했다. 에네껜 농장은 선박용 로프나 그물침대인 해먹을 만들기 위해 '에네껜'의 껍질을 벗겨 나오는 섬유질을 생산하는 곳으로 노동 환경이 혹독하였다. 당시 노동 환경이 얼마나 참혹했던지, 외국인들 눈에 마야인들의 노예 등급이 5~6이면 한국인들은 7등급으로 분류되었다.

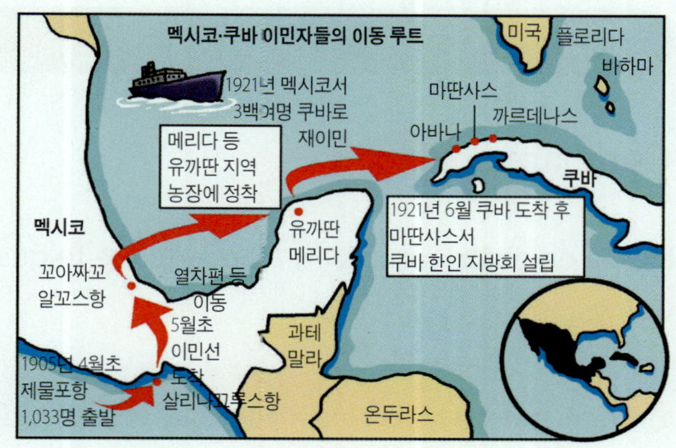

4년간의 노동계약이 끝난 후 1차 세계대전 이후 불황과 대체재 인조 섬유의 등장으로 애니껭 산업이 사양 길에 들어서자 우리 이민자들의 일부는 호황을 누리던 쿠바의 사탕수수 농장으로 또 다시 이주하게 된다. 그러나 곧 국제 설탕가격의 급락으로 다시 멕시코로 귀환하기도 하였다. 멕시코 유까딴 반도에는 오늘날 한인 6세가 등장하고 있으며, 선조들의 애환을 담은 '한국이민사박물관(Museo Conmemorativo de la Inmigración Coreana)'이 메리다에 설립되어 과거의 아픈 역사를 우리 모두에게 보여주고 있다.

스페인어로 말해보자!

Comparaciones

Piensa en algún lugar (país / ciudad) que te gustaría visitar o en el que te gustaría vivir y:

a) Compáralo/la con el lugar en el que vives actualmente.
Me gustaría vivir en/visitar...porque es más/menos...que aquí.

b) Di qué cosas harías en ese país o ciudad.
En ese lugar haría, visitaría, comería..., etc.

memorándum

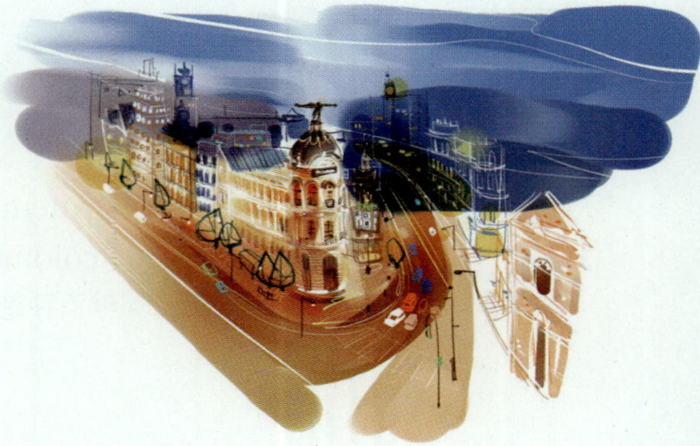

LECCIÓN 07

EN COLOMBIA

콜롬비아에서

A. TOMANDO CAFÉ EN BOGOTÁ 보고타에서 커피를 마시면서

Mesero: Aquí tienen sus tintos.
종업원: 여기 띤또 커피 있습니다.

Manse: Muchas gracias.
만세: 대단히 감사합니다.

Fernando: Bueno, Manse, disfrutemos de una buena taza de café colombiano.
페르난도: 자, 만세, 우리 맛있는 콜롬비아 커피 한 잔을 즐겨보자.

Vocabulario

tinto m. 띤또(커피의 한 종류)
taza f. 찻잔
colombiano/a adj. 콜롬비아의

Manse: Mmm... es verdad, el café colombiano es el mejor del mundo.
만세: 음... 정말이지, 콜롬비아 커피는 세계 최고야.

Fernando: Te ha gustado de verdad.
페르난도: 너 정말 좋은가보다.

Manse: Definitivamente, si tengo oportunidad en el futuro, regresaré a Colombia.
만세: 물론이지, 앞으로 기회가 된다면 콜롬비아에 다시 올 거야.

Fernando: Sí, hay tanto que conocer...
페르난도: 그래, 둘러 볼 게 많아...

Manse: Y ¿cuál es el plan para mañana?
만세: 내일 계획은 뭐야?

Fernando: Si quieres, mañana por la mañana, podemos visitar el mercado de Paloquemao y después, si tenemos tiempo, iremos al museo de Botero, el pintor más famoso de Colombia a nivel internacional.
페르난도: 네가 원하면 내일 아침에 빨로께마오 시장에 갈 수 있어. 그런 다음 시간이 있으면 세계적으로 가장 유명한 콜롬비아 화가인 보떼로의 박물관에 갈 거야.

Manse: Me parece bien.
만세: 좋은 생각이야.

Vocabulario

definitivamente adv. 최종적으로, 분명히
plan m. 계획
pintor/a m.f. 화가
internacional adj. 국제적인

보고따의 보떼로 박물관 정원(patio) 모습

 B. EN EL MERCADO DE PALOQUEMAO 빨로께마오 시장에서

Fernando: Hemos llegado al mercado más interesante de Bogotá.

페르난도: 보고타에서 가장 흥미로운 시장에 왔어.

Manse: ¡Cuánta variedad de frutas! ¿Qué es esto?

만세: 과일이 매우 다양하구나! 이것은 뭐야?

Fernando: Es una fruta que se llama lulo o naranjilla. Si quieres probarla, pediré un jugo para ti.

페르난도: 룰로 또는 나랑히야라는 과일이야. 맛보고 싶으면 너에게 주스를 시켜줄게.

Manse: Sí...

만세: 그래...

Fernando: Mira, ahí venden arepas, el alimento más famoso de este país. Están hechas con masa de maíz y tienen diferentes rellenos.

페르난도: 봐, 저기 아레빠를 파네. 우리 나라의 가장 유명한 요리야. 옥수수 반죽으로 만드는데 속에 다양한 것들이 들어 있어.

Vocabulario

- fruta f. 과일
- lulo m. 룰로 (열매의 일종)
- naranjilla f. 나랑히야 (나무, 열매의 일종)
- jugo m. 즙, 주스
- arepa f. 아레빠(둥근 옥수수빵)
- alimento m. 식품, 식량
- masa f. 덩어리
- maíz m. 옥수수
- relleno m. 내용물

Manse: Tengo que probarlas. ¿Cuál me recomiendas?
만세: 맛을 봐야겠어. 어떤 것을 추천해 줄래?

Fernando: Las de queso, de carne, de huevo. La verdad es que todas son riquísimas.
페르난도: 치즈가 들어 있는 것, 고기가 들어 있는 것과 계란이 들어 있는 것. 사실 전부 다 맛있어.

Manse: Probaré todas.
만세: 다 먹어 봐야겠어.

...

Manse: Quiero probar más delicias colombianas.
만세: 나는 콜롬비아의 맛있는 음식들을 더 먹어보고 싶어.

Fernando: Bien, sigamos, pero cuidado. Si comes demasiado, te puedes enfermar.
페르난도: 그래, 그러자. 그렇지만 조심해. 너 너무 먹으면 아플 수 있어.

Vocabulario

queso m. 치즈
carne m. 고기
riquísimo/a adj. 엄청 맛있는
delicia f. 맛있는 것, 즐거움
demasiado adv. 너무
enfermarse v. 병이 나다

C. LA SALUD 건강

Fernando: Manse, ¿qué te pasa? Tienes mala cara. ¿Te encuentras bien?
페르난도: 만세, 왜 그래? 안색이 안 좋다. 괜찮니?

Manse: No, creo que la comida me ha caído mal.
만세: 아니, 음식이 잘못 된 것 같아.

Fernando: ¿Cuáles son los síntomas? ¿Te duele el estómago?
페르난도: 증상이 뭐야? 배가 아프니?

Manse: Sí, me duele muchísimo.
만세: 응, 엄청 많이 아파.

Fernando: ¿Tienes fiebre?
페르난도: 열이 있니?

Manse: No, pero tengo náuseas.
만세: 아니, 그런데 속이 울렁거려.

Fernando: Vamos al doctor.
페르난도: 의사한테 가자.

Manse: Me parece que no es nada grave.

Vocabulario

- cara f. 얼굴
- encontrarse v. -상태로 되다
- ha caído v. caer(떨어지다, 넘어지다)의 직설법 현재완료 3인칭 단수
- síntoma m. 증상
- doler v. 아픔을 주다
- estómago m. 위, 배
- fiebre f. 열
- náusea f. 구역질
- doctor m. 의사
- grave adj. 심각한

만세: 별로 심각한 것 같지는 않아.

Fernando: Me preocupa verte así.
페르난도: 나는 네가 그런 것을 보니 걱정이 돼.

Manse: No te preocupes, probablemente es una indigestión.
만세: 걱정하지마. 아마도 소화불량일 거야.

Fernando: Si vamos al doctor, te sentirás mejor.
페르난도: 의사에게 가면 나아질 거야.

Manse: Está bien. Vamos.
만세: 좋아. 가자.

Vocabulario

probablemente adv. 아마도
indigestión f. 소화불량

PARTE 2

이것만은 알아두자!

1. 조건문

(1) si 조건절에 직설법 현재시제를 쓰면 실현 가능성이 있는 조건을 표현한다. 귀결절에는 미래 시제가 주로 쓰인다.

Si tenemos tiempo, iremos al museo de Botero.

우리는 시간이 되면, 보떼로 박물관에 갈 겁니다.

(2) 귀결절에 현재시제나 명령형도 쓰일 수 있다.

Si comes demasiado, te puedes enfermar. 너 너무 먹으면, 아플 수 있어.

Si tienes fiebre, toma esta pastilla. 열이 나면, 이 알약을 먹어.

2. 최상급

(1) 최상급은 비교급에 정관사를 부가하여 만든다.

Este es el mercado más interesante de Bogotá.

이것이 보고타에서 가장 흥미로운 시장이다.

La arepa es el alimento más famoso de Colombia.

아레빠가 콜롬비아에서 가장 유명한 음식이다.

(2) mejor는 bueno 및 bien의 비교급이고, peor는 malo 및 mal의 비교급이다. 이들의 최상급도 앞에 정관사를 붙여서 만든다.

El café colombiano es mejor que el mexicano.

콜롬비아 커피가 멕시코 커피보다 더 좋다.

El café colombiano es el mejor del mundo. 콜롬비아 커피가 세계 최고다.

3. doler 동사

(1) 고통을 주는 신체 부위가 주어가 되고 고통을 받는 사람이 간접 목적격이 되는 구조로 gustar 동사와 같은 구조를 취한다. 직역은 '~가 ~에게 고통(dolor)을 주다'이고 자연스런 의역은 '~는 ~가 아프다'이다.

단수 주어	복수 주어
Me **duele** la cabeza. 나는 머리가 아프다. Te **duele** la cabeza. 너는 머리가 아프다. Le **duele** la cabeza. 그는/그녀는/당신은 머리가 아프다. Nos **duele** la cabeza. 우리들은 머리가 아프다. Os **duele** la cabeza. 너희들은 머리가 아프다. Les **duele** la cabeza. 그들은/그녀들은/당신들은 머리가 아프다.	Me **duelen** las piernas. 나는 다리가 아프다. Te **duelen** las piernas. 너는 다리가 아프다. Le **duelen** las piernas. 그는/그녀는/당신은 다리가 아프다. Nos **duelen** las piernas. 우리는 다리가 아프다. Os **duelen** las piernas. 너희들은 다리가 아프다. Les **duelen** las piernas. 그들은/그녀들은/당신들은 다리가 아프다.

(2) 신체 부위 명사

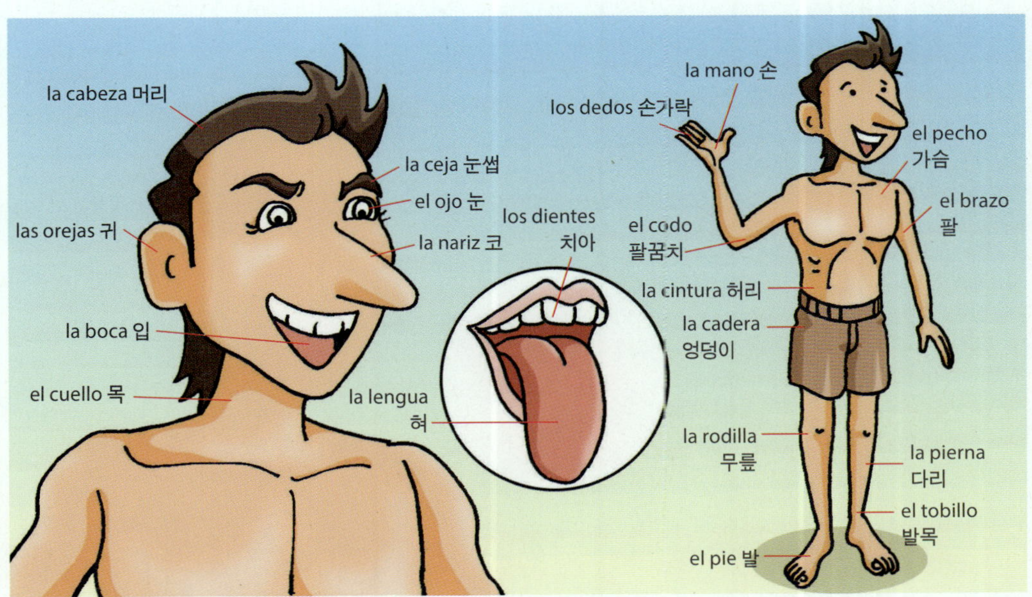

(3) doler 동사와 동일 구조를 취하는 동사로 앞서 공부한 gustar 좋아하다와 encantar 아주 좋아하다 외에도 caer bien/mal 잘/잘못 되다, parecer 보이다, preocupar 걱정하게 하다, faltar 부족하다, importar 중요하다, interesar 흥미를 주다, molestar 귀찮게 하다, tocar 순번이 되다 등이 있다.

A: Me preocupa verte así. ¿Qué te pasa?
나는 네가 그런 것을 보니 걱정이 돼. 무슨 일 있니?
B: La comida me ha caído mal. 음식이 잘못 된 것 같아.

A: ¿Qué te falta? 너는 뭐가 부족하니?
B: Me falta un poco de dinero. 나는 돈이 좀 부족해.

문화도 배우고 가자!

커피 이야기

라틴아메리카에는 커피 벨트에 속하는 생산국이 다수 있다. 콜롬비아, 브라질 등이 대표 생산국이며, 페루, 멕시코, 과테말라, 온두라스, 코스타리카 등도 생산국이다. 생산하는 주요 품종은 아라비카종으로 아프리카산에 비해 구수하고 부드러운 신맛과 쓴 맛이 균형 잡혀있어 우리나라 사람들이 좋아한다. 특히 마일드 커피의 대명사인 수프리모(Supremo)가 유명하다. 커피 브랜드로는 콜롬비아 커피의 대명사인 '후안 발데스'가 있다. 콜롬비아에 가면 수도 보고타의 볼리바르 광장 주변의 후안 발데스 커피 숍에서 콜롬비아 사람들이 선호하는 진한 에스프레소 타입의 까페 띤또(Café tinto) 를 맛보도록 하자.

빨로께마오(Paloquemao) 시장

1946년 설립된 이래 보고타인들의 사랑을 받고 있는 농축수산물 및 청과물시장이다. 그곳을 방문하면 지금까지 보지 못했던 시장의 다양한 상품들 –과일, 야채, 고기, 생선, 꽃 등-을 만날 수 있다. 정식 명칭은 쁠라사 데 메르까도 데 빨로께마오(Plaza de Mercado de Paloquemao)이다.

아레빠(Arepa)

아레빠를 만들려면 먼저 옥수수 가루로 반죽을 해서 햄버거 빵모양이 되도록 둥글게 빚어서 오븐이나 프라이팬에 노릇노릇하게 굽는다. 그런 다음 빵을 이등분해서 그 안에 참치, 야채, 치즈, 닭가슴살 등을 넣어 먹는다. 주로 아침, 브런치로 먹거나 간식으로 먹는다. 콜롬비아와 베네수엘라가 서로 원산지라고 다툰다.

보떼로 박물관

메데인(Medellín)의 보떼로 광장의 보떼로 작품

페르난도 보떼로(Fernando Botero: 1932~)는 콜롬비아 태생으로 스페인, 프랑스 및 이탈리아 등에서 미술을 접한 뒤 귀국하여 벽화운동이 유행하던 시기에 자신만의 독특한 영역을 개척했다. 형상의 부피를 기형적으로 확대하는 독특한 기법인 '뚱보주의'를 확산시키기 시작했다. 뚱보 기법 대상은 사람, 동물, 사물 등이 되는데 특히 여성을 '그림의 역사에서 가장 정통적이고 신비로운 테마'라고 하면서 뚱보 여성을 많이 그렸다. '뚱보의 미학'을 바라보면 넉넉함과 여유로움 그리고 우리 모두에게 풍요로운 삶을 이야기하는 것 같다.

스페인어로 말해보자!

Con el médico

Elabora un diálogo (formal) con tu compañero/a:

A Médico/a	B Paciente
1. Saluda al paciente y le pregunta por su estado.	
	2. Saluda y dice que está enfermo/a.
3. Pregunta por los síntomas.	
	4. Dice los síntomas (*doler, sentir, tener*).
5. Examina al paciente, da algunas instrucciones (*levante..., abra..., cierre...,* etc.)	
	6. Sigue las órdenes del médico.
7. Da el diagnóstico al paciente y el remedio (*Beba..., no coma...,* etc.)	
	8. Da las gracias y se despide.

LECCIÓN 8

HACIA PERÚ

페루를 향해서

A. CUSCO 꾸스꼬

Fernando: Manse, ¿estás preparado para nuestro viaje a Perú?
페르난도: 만세, 페루 여행 할 준비 다 했니?

Manse: Sí, de hecho, estaba leyendo la guía.
만세: 응, 사실은 안내 책자를 읽고 있었어.

Fernando: Yo estoy terminando de empacar, ya casi termino.
페르난도: 나는 짐을 다 싸가는데, 이제 거의 다 끝마쳤어.

Vocabulario

empacar v. 짐을 싸다

Manse: ¡Qué emoción! Mañana estaremos viajando a Lima y de ahí a Cusco. Mira, Cusco tiene muchísimos monumentos.
만세: 흥분된다! 내일 우리는 리마로 여행가고 거기서 꾸스꼬로 갈 거야. 봐, 꾸스꼬에는 유적지가 매우 많아.

Fernando: ¡Qué fotos! Muero por conocerla.
페르난도: 사진들 대단하네! 너무 가보고 싶다.

Manse: Podemos empezar por La Plaza de Armas y la Catedral. De ahí, podemos ir por la calle De la Roca Mayor hasta el Barrio de San Blas. En ese barrio hay talleres y tiendas de artesanías. Sus calles son estrechas y empedradas.
만세: 우리는 아르마스 광장과 성당에서 시작할 수 있어. 거기서 델 라 로까 마요르 가를 지나 산 블라스 지역까지 갈 수 있지. 그 지역에는 수공예품 작업장과 가게들이 즐비해. 도로들이 좁고 돌이 깔려 있어.

Fernando: Muy bien, seguiré empacando.
페르난도: 아주 좋아, 난 계속 짐을 쌀 게.

Vocabulario

monumento m. 기념물
empezar v. 시작하다
taller m. 작업장
artesanía f. 수공예품
estrecho/a adj. 좁은
empedrado/a adj. 돌로 된

맨 위는 아르마스광장(Plaza de Armas), 중간 왼쪽은 꾸리깐차(Qurikancha), 오른쪽은 꾸스꼬 전경, 아래 왼편은 삭사이와만(Saksaywaman), 아래 오른편은 꾸스꼬 성당

B. MACHU PICCHU 마추픽추

Manse: ¿Sigues empacando? Llevas empacando mucho tiempo.

만세: 계속 짐을 싸고 있니? 짐을 오랫동안 싸는구나.

Fernando: Sí, pero ya casi termino. Es que no quiero olvidar nada.

페르난도: 응, 그런데 이제 거의 끝나가. 빠뜨리는 물건이 없어야 하니까.

Manse: Bueno, yo acabo de encontrar este paquete de viaje para Machu Picchu. Mira, podemos ir desde Cusco en tren o a través del Camino Inca, la caminata más famosa de América del Sur.

만세: 좋아. 나는 마추픽추를 위해서 이 패키지를 찾았어. 우리는 꾸스꼬에서 기차로 가든지 아니면 남미의 가장 유명한 트레킹 코스인 '엘 까미노 잉까'를 통해서 갈 수 있어.

Fernando: Parece agotador pero llevo meses soñando con hacer el Camino Inca.

페르난도: 피곤할 것 같지만 나는 몇 달 동안 '엘 까미노 잉까'에 가보는 꿈을 꿔왔어.

Manse: Sí, yo también.

Vocabulario

- acabar v. 끝내다, acabar de inf. 막 -하다
- paquete m. 패키지 여행, 소풍
- tren m. 기차
- caminata f. 장거리 걷기
- agotador/a adj. 매우 피곤하게 하는
- soñando v. soñar(꿈꾸다)의 현재분사

만세: 그래, 나도

Fernando: Será emocionante; caminaremos por senderos, selva y sitios construidos por los Incas.

페르난도: 감동적일 거야. 오솔길과 밀림, 잉카인들이 건설한 지역을 걷게 될 거야.

Fernando: Por fin acabo de terminar con mi equipaje. Bueno, dejemos de platicar y vamos a dormir porque mañana tenemos que salir temprano.

페르난도: 드디어 짐을 다 쌌어. 자, 내일 일찍 출발해야 되니까 이야기 그만하고 자자.

Manse: Sí, mañana seguiré leyendo más.

만세: 그래, 내일 계속해서 더 읽어야겠다.

Vocabulario

emocionante adj. 감동적인, 인상적인
sendero m. 산책로
selva f. 밀림
construido/a v. construir(건설하다)의 과거분사
platicar v. 이야기하다
dormir v. 잠자다

C. EN LA TIENDA DE RECUERDOS 기념품 가게에서

Manse: Fernando, ¿qué te parece ese poncho?
만세: 페르난도, 저 뽄초 어때?

Fernando: Es muy lindo y es algo muy típico.
페르난도: 아주 예쁘고 매우 전통적인 거야.

Manse: Señor, ¿podría darme el precio de ese poncho?
만세; 아저씨, 저 뽄초 가격이 얼마예요?

Dependiente: Cuesta 131 soles.
점원: 131솔이요.

Manse: ¿Podría enseñármelo?
만세: 저에게 보여주시겠어요?

Dependiente: Claro, ahora se lo muestro. También lo tenemos en color gris. Está hecho a mano, 100 por ciento alpaca.
점원: 물론이지요. 지금 보여줄게요. 회색으로 된 것도 있어요. 손으로 만든 거예요. 백 퍼센트 알파카고요.

Manse: Me gustaría comprárselo a mi mamá

Vocabulario

- poncho m. 뽄초(남아메리카 산 모포)
- lindo/a adj. 귀여운, 예쁜
- cuesta v. costar 비용이 들다
- enseñar v. 가르치다
- alpaca f. 알파카(동물)
- comprar v. 사다, 구입하다

y enviárselo porque pronto va a ser su cumpleaños.
만세: 곧 어머니 생신이라 사서 보내드리고 싶네요.

Dependiente: Cómpreselo. Si se lo lleva, le haré un pequeño descuento.
점원: 사드리세요. 그걸 사신다면 조금 깎아드릴게요.

Fernando: Me parece que le va a encantar. Es un buen recuerdo de Perú.
페르난도: 좋아하실 거 같아. 페루의 좋은 기념품이잖아.

Manse: Mmm, está bien, me lo llevo.
만세: 음, 좋아요. 그걸로 살게요.

Dependiente: ¿Quiere que se lo envuelva para regalo?
점원: 선물용으로 포장을 해드릴까요?

Manse: No, no me lo envuelva, yo lo envolveré después. Aquí tiene.
만세: 아니요, 포장하지 마세요. 제가 나중에 포장할게요. 여기 있어요.

Dependiente: Gracias por su compra.
점원: 구매해 주셔서 감사합니다.

Vocabulario

enviar v. 보내다

cumpleaños m. 생일

descuento m. 할인

envuelva v. envolver(포장하다)의 usted 명령

compra f. 구입

LECCIÓN 8

1. estar + 현재분사

(1) 과거 진행형은 estar동사의 불완료과거 시제로 표현하고 미래형은 estar동사의 미래 시제로 표현한다.

인칭과 수	과거 진행형	미래 진행형
Yo	**Estaba** viajando.	**Estaré** viajando.
Tú	**Estabas** viajando.	**Estarás** viajando.
Él, Ella, Ud.	**Estaba** viajando.	**Estará** viajando.
Nosotros(-as)	**Estábamos** viajando.	**Estaremos** viajando.
Vosotros(-as)	**Estabais** viajando.	**Estaréis** viajando.
Ellos, Ellas, Uds.	**Estaban** viajando.	**Estarán** viajando.

A: ¿Qué estabas haciendo? (너는) 무엇을 하고 있었니?
B: Estaba leyendo la guía. 안내 책자를 읽고 있었어.

A: ¿Qué estarás haciendo mañana? (너는) 내일 무엇을 하고 있을 거니?
B: Estaré viajando a Lima. 리마로 여행가고 있을 거야.

2. 복합동사구

(1) acabar de + 동사원형: 방금 ~하다.
Acabo de terminar con mi equipaje. (나는) 방금 짐을 다 쌌다.

(2) dejar de + 동사원형: ~하기를 그만두다.

Dejemos de platicar. 얘기 그만 하자.

(3) terminar de + 동사원형: ~하기를 마치다.

Estoy terminando de empacar. (나는) 짐싸기를 마쳐가고 있다.

(4) llevar + 현재분사: 계속 ~해오고 있다. ~한 지가 시간이 ~ 되었다.

Llevas empacando mucho tiempo. (너는) 오랫 동안 짐을 싸고 있구나.

(5) seguir + 현재분사: 계속 ~하다.

Mañana seguiré leyendo más. (나는) 내일 계속해서 더 읽어야겠다.

3. 간접 목적격 대명사 + 직접 목적격 대명사

간목 + 직목				
간목 \ 직목	lo	la	los	las
me	**me lo**	**me la**	**me los**	**me las**
te	**te lo**	**te la**	**te los**	**te las**
le (se)	**se lo**	**se la**	**se los**	**se las**
nos	**nos lo**	**nos la**	**nos los**	**nos las**
os	**os lo**	**os la**	**os los**	**os las**
le (se)	**se lo**	**se la**	**se los**	**se las**

(1) 간접목적격 대명사와 직접목적격 대명사가 함께 쓰일 때 순서는 '간접목적격 대명사 + 직접목적격 대명사'이다.

A: ¿Me das este regalo? 내게 이 선물을 주는 거니?

B: Sí, **te lo** doy. 그래, 네게 그것을 주는 거야.

(2) 3인칭 간접목적격 대명사 le와 les는 3인칭 직접목적격 대명사(lo, la, los, las) 앞에서 se로 바뀐다.

A: ¿Podría enseñarme aquel poncho? 저 뽄초를 제게 보여주실 수 있나요?

B: Claro, ahora **se lo** enseño. 물론입니다, 지금 보여드리겠습니다.

(3) 동사원형이나 현재분사 및 긍정명령형에 목적격 대명사를 붙여 쓸 경우 간접 목적격 대명사 뒤에 직접 목적격 대명사를 쓰고 동사에 강세 부호를 덧붙인다.

A: ¿Te gustaría comprar este regalo para tu mamá?
어머니께 이 선물을 사드리고 싶니?

B: Sí, me gustaría comprár**selo** y enviár**selo**.
그래, 사서 보내드리고 싶어.

A: ¿Se lo envuelvo? 포장해 드릴까요?

B: Sí, envuélva**melo**, por favor. 예, 포장해 주세요.

문화도 배우고 가자!

페루와 세비체

페루의 대표 식문화 아이콘은 세비체(Cebiche)와 삐스꼬(Pisco)이다.

세비체는 페루의 해산물 요리로, '세비체와 잉카콜라 그리고 삐스꼬를 빼고는 페루를 논하지 말라'라고 할 만큼 페루, 페루인의 정체성을 나타내는 요리다. 일반적인 세비체는 문어, 새우, 소라, 오징어, 조개, 넙치, 대구 등 싱싱한 생선을 회를 떠서 레몬 즙에 30분 정도 숙성한 후 약간의 채소즙과 고추, 양파, 소금 및 고수라는 향신료를 섞어 버무려 만든다.

페루의 소주, 삐스꼬

한편 삐스꼬는 백포도로 빚은 증류주로 포도소주라고 할 수 있다. 삐스꼬가 40도의 독주이기 때문에 여기에다 레몬, 설탕, 계란 흰자를 풀어 만든 칵테일을 삐스꼬 사워라 한다. 오늘날까지도 칠레와 페루 양 국가 간 원산지 문제, 생산지역 문제 및 마케팅 경쟁이 치열하다.

페루 정부 차원의 삐스꼬 홍보 사진

꾸스꼬에서 마추픽추까지

꾸스꼬(Cusco 또는 남부 께추아어에서 비롯된 Cuzco)는 잉카문명 중 불가사의한 문화유산 마추픽추(Machu Picchu)로 가는 시작점이다. 꾸스꼬는 잉카인들의 언어로 '배꼽,' 즉 지구의 중심이라는 의미를 지니며, 해발 3,600미터에 위치해 있다. 마추픽추는 해발 2,057미터에 위치해 있으며 케추아어로 '오래 된 봉우리'라는 뜻인데 태양의 신전, 잉카의 잃어버린 도시, 요새, 잉카 귀족들의 피난처 등으로 불리 운다. 마추픽추는 꾸스꼬와 더불어 1983년 유네스코 세계문화유산으로 지정되었으며, 2007년에는 '새로운 세계 7대 불가사의'로 지정되었다. 꾸스꼬에서 마추픽추로 가는 길은 다양하다. 고대 잉카인들이 다녔던 '잉카 트레킹' 길은 2~5일 정도 트레킹을 하면서 마추픽추 여정의 진수를 맛볼 수 있는 길이다.

나스까

페루는 온 영토에 고대 잉카문화의 유적이 산재해 있다고 해도 과언이 아니다. 페루 리마 남쪽 444km에 있는 나스까 사막도 유명하다. 단순한 선에서부터, 사람, 동물, 새, 야마, 물고기, 도마뱀, 거미, 꽃, 나무 등이 그려진 기하학적 그림들을 많이 만나 볼 수 있다.

꾸스꼬의 산 블라스 광장

꾸스꼬의 산 블라스 광장에는 유명한 장인들의 작업실이 있다. 그리고 수제 의상, 도자기, 은 세공품, 꾸스꼬풍의 그림들, 금 잎으로 장식된 나무 조각상 등 많은 수공예품을 볼 수 있는 정겨운 곳이다. 추억의 기념품 구매시 잘 선택하면 훗날 자기만의 소장품을 가질 수 있다.

스페인어로 말해보자!

De compras

Elabora un diálogo con tu compañero/a. Usen pronombres de objeto directo e indirecto tantas veces como sea posible.

A VENDEDOR	B CLIENTE
1. Saluda al cliente y le pregunta qué desea.	
	2. Saluda y dice que busca un recuerdo para su familia.
3. Muestra varios recuerdos.	
	4. Selecciona un recuerdo y lo compra.
5. Pregunta si quiere el recuerdo envuelto.	
	6. Lo pide para regalo, paga y se despide.

LECCIÓN
09

EN LA TIERRA DE NERUDA

네루다의 고장에서

 A. EN EL HOTEL EN SANTIAGO 산띠아고에 있는 호텔에서

Recepcionista: Muchas gracias por hospedarse en nuestro hotel. Esperamos que hayan tenido muy buena estancia.
접수처 직원: 우리 호텔에 묵어주셔서 감사합니다. 좋은 시간이 되셨기를 바랍니다.

Fernando: Sí, muchas gracias.
페르난도: 네, 대단히 감사합니다.

Vocabulario

- tierra f. 땅, 육지
- recepcionista m. f. 접수처 직원
- estancia f. 체류, 체재

Manse: ¿A qué hora sale nuestro vuelo a Valparaíso?
만세: 발빠라이소 행 우리 비행기가 몇 시에 출발하니?

Fernando: A las once de la mañana.
페르난도: 오전 열한 시.

Manse: Es que ayer fue el cumpleaños de mi madre y quiero chatear con ella ahora.
만세: 어제가 어머니 생신이어서 지금 어머니와 채팅하고 싶어.

Fernando: Claro que sí. Todavía tenemos tiempo. El aeropuerto no está lejos de aquí. ¿Crees que haya recibido ya el poncho que le compraste en Perú?
페르난도: 어서 해. 아직 시간이 있어. 공항이 여기서 멀지 않아. 페루에서 사드린 뽄초를 벌써 받으셨을까?

Manse: Ojalá que sí. Espero que le haya gustado y que le quede bien.
만세: 그랬으면 좋겠어. 마음에 들어 하시고 어울리셨으면 좋겠어.

Fernando: Yo también aprovecharé para revisar mis correos electrónicos y enviar algunos.
페르난도: 나도 내 이메일을 확인하고 몇 통 보내야겠다.

Vocabulario

chatear v. 채팅하다
ayer adv. m. 어제
ojalá 감탄사 -하기를...
aprovecharé v. aprovechar(이용하다)의 직설법 미래 1인칭 단수
revisar v. 점검하다
correo m. 편지
electrónico/a adj. 전자의
correo electrónico m. 전자우편, 이메일

B. EN VIÑA DEL MAR 비냐 델 마르에서

Fernando: ¡Qué linda playa! ¡Cuántas chicas guapas!
페르난도: 해변이 매우 아름답구나! 예쁜 소녀들도 많고!

Manse: Vamos a buscar un buen lugar para tomar nuestro vino chileno y para ver el atardecer. ¿Qué te parece allí?
만세: 칠레 와인을 마시고 석양을 볼 수 있는 좋은 장소를 찾자. 저기가 어때?

Fernando: Sí, vamos.
페르난도: 좋아, 가자.

Sofía: Hola, ¿de dónde son?
소피아: 안녕, 어디서 왔니?

Fernando: Mi amigo es de Corea, se llama Manse y yo soy Fernando, de Colombia.
페르난도: 내 친구는 한국사람이고 이름은 만세야. 나는 콜롬비아에서 온 페르난도야.

Sofía: Mucho gusto, yo soy Sofía, de aquí, de Viña del Mar.

Vocabulario

- guapo/a adj. 잘 생긴, 예쁜
- buscar v. 찾다
- chileno/a adj. 칠레의 m.f. 칠레 사람
- atardecer m. 해 질 무렵

소피아: 만나서 반가워. 나는 소피아고 이곳 비냐 델 마르 출신이야.

Manse: Viña del Mar es muy bonito.
만세: 비냐 델 마르는 매우 아름답구나.

Sofía: ¿Han estado en otros lugares de Chile?
소피아: 칠레 다른 곳에도 가봤니?

Fernando: Sí, estuvimos en Santiago.
페르난도: 응, 산띠아고에 가봤어.

Manse: Nos gustó mucho.
만세: 우리 마음에 쏙 들었어.

Sofía: ¡Qué bueno que les haya gustado!
소피아: 너희들 마음에 들었다니 좋구나!

Fernando: Bueno, trajimos un vino chileno. Hagamos un brindis. Aquí tienen su vino. ¡Salud!
페르난도: 자, 우리가 칠레 와인을 가져왔어. 건배하자. 여기 너희들 와인이 있어. 건배!

Sofía y Manse: ¡Salud!
소피아와 만세: 건배!

Vocabulario

trajimos v. traer(가져오다) 의 직설법 과거 1인칭 복수
brindis m. 건배, 축배
salud f. 건강

C. LA CASA DE PABLO NERUDA 파블로 네루다의 집

AUDIOGUÍA:
Bienvenidos a la casa museo de Pablo Neruda, La Sebastiana. Primero, les daremos algunos datos de la biografía del poeta. Como saben, Pablo Neruda es considerado uno de los mejores y más influyentes artistas del siglo XX.
음성안내:
파블로 네루다의 집 박물관, 라 세바스띠아나에 오신 걸 환영합니다. 먼저 시인의 일대기에 대한 정보를 알려드리겠습니다. 아시다시피 파블로 네루다는 20세기 가장 훌륭하고 영향력 있는 예술가 중 한 사람으로 여겨집니다.

En el año de 1971, le fue dado el premio Nobel de Literatura. También le fue otorgado un Doctorado Honoris Causa por la Universidad de Oxford.
1971년, 노벨문학상을 받았습니다. 옥스포드 대학교에서 명예박사학위도 받았습니다.

Ahora, usted se encuentra en una de las tres casas del poeta. Esta casa fue comprada en 1939, sin embargo, el artista tuvo que terminarla de construir.

Vocabulario

- audioguía m. 음성안내
- biografía f. 전기, 일대기
- poeta m. 시인
- considerado/a adj. 생각되는
- influyente adj. 영향력 있는
- premio m. 상
- literatura f. 문학
- otorgado/a adj. 양도된
- sin embargo 그럼에도 불구하고
- construir v. 건축하다, 짓다

지금 시인의 집 세 채 중 한 곳에 와계십니다. 이 집은 1939년 구입했지만 이 예술가가 건축을 마무리해야 했습니다.

Las tres casas han sido convertidas en museos y son administradas por la Fundación Pablo Neruda. La Sebastiana fue inaugurada en el año 1961, el 18 de septiembre, es decir, el mismo día en que Chile celebra su independencia.
세 채의 집은 박물관이 되었고 파블로 네루다 재단에서 관리를 합니다. 라 세바스띠아나는 1961년, 9월 18일에 개관했는데, 그 날은 칠레의 독립을 축하하는 날입니다.

Después de la muerte del poeta, en 1973, la casa fue abandonada. Fue en el año 1991 cuando fue restaurada y empezó a funcionar como museo. Bienvenidos a La Sebastiana y esperamos que disfrute el recorrido.
1973년, 시인이 작고(作故)한 후, 이 집은 방치되었습니다. 1991년 복원되어 박물관의 기능을 갖추기 시작했습니다. 라 세바스띠아나에 오신 걸 환영하며 관람이 즐거우시기를 바랍니다.

Vocabulario

convertido/a adj. 변모된, 변한
administrado/a adj. 관리되는
inaugurado/a adj. 개장된
septiembre m. 9월
celebrar v. 기념하다, 축하하다
independencia f. 독립
muerte f. 죽음, 사망
abandonado/a adj. 버려진
restaurado/a adj. 복원된
funcionar v. 작동하다

라 세바스띠아나 네루다 박물관

 이것만은 알아두자!

1. 접속법 현재완료

(1) 접속법 현재완료의 형태는 'haber 동사의 접속법 현재 + 과거분사'이다.

	hablar	comer	vivir
1인칭 단수	haya hablado	haya comido	haya vivido
2인칭 단수	hayas hablado	hayas comido	hayas vivido
3인칭 단수	haya hablado	haya comido	haya vivido
1인칭 복수	hayamos hablado	hayamos comido	hayamos vivido
2인칭 복수	hayáis hablado	hayáis comido	hayáis vivido
3인칭 복수	hayan hablado	hayan comido	hayan vivido

(2) 주절에 바람, 소망, 요구, 간청 동사가 쓰여 종속절에 접속법을 사용해야 하는 문맥에서 현재 시점까지 어떤 일의 실행 완료 여부가 분명하지 않을 때 사용한다.

A: Esperamos que hayan tenido muy buena estancia. 잘 지내셨기를 바랍니다.

B: Sí, muchas gracias. 네, 감사합니다.

(3) 접속법이 사용되어야 하는 문맥에서 미래의 일정 시점 이전에 어떤 일의 완료 여부가 분명하지 않을 때 사용한다.

Cuando hayas revisado tu correo electrónico, chatearemos.

네가 메일 확인을 끝냈을 때 채팅할 거야.

2. 수동태

(1) Ser + 과거분사로 주어가 행위의 대상이 되는 수동태를 구성한다.

Neruda compró esta casa.

[능동태] 네루다는 이 집을 샀다.

Esta casa fue comprada por Neruda.

[수동태] 이 집은 네루다에 의해 매입되었다.

Neruda recibió el premio Nobel de Literatura.

[능동태] 네루다는 노벨 문학상을 받았다.

El premio Nobel de Literatura fue recibido por Neruda.

[수동태] 노벨 문학상은 네루다에 의해 수상되었다.

(2) Estar + 과거분사는 동작이 완료된 상태를 표현한다.

El museo está abierto. 박물관이 열려 있다.

La casa de Neruda ya no está abandonada. 네루다의 집은 이제 방치되어 있지 않다.

3. para 와 por

(1) 전치사 para는 '~ 위해서' 혹은 '~에 대해서'의 의미로 목적이나 용도 또는 방향이나 미래의 시간 등을 표현한다.

Necesito tiempo **para** revisar mi correo electrónico.

(나는) 내 이메일을 확인할 시간이 필요해.

Vamos a partir **para** Santiago. 산띠아고로 출발하자.

Nuestra visita al museo está programada **para** el viernes.

우리의 박물관 관람은 금요일로 프로그램 되어 있다.

El vino es bueno **para** la salud. 포도주는 건강에 좋다.

(2) 전치사 por는 '~에 의해서' 혹은 '~ 때문에'의 의미로 행위자나 원인, 수단, 대략적인 시간 등을 표현한다.

Neruda es querido **por** los chilenos. 네루다는 칠레 사람들에게 사랑 받는다.

Muchas gracias **por** su visita. 방문에 대단히 감사 드립니다.

Te envío la foto **por** correo electrónico. 네게 이메일로 사진을 보낸다.

Es mejor visitar aquel lugar **por** la mañana/tarde/noche.

그 장소는 오전에/오후에/저녁에 방문하는 것이 더 좋다.

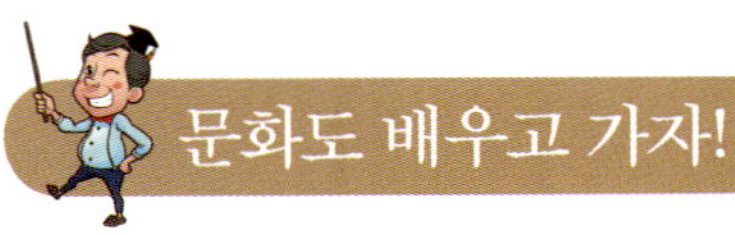

칠레 지형

칠레는 지형이 고추(chile) 모양이다. 남북의 길이는 약 4,200km이며, 동서의 폭은 90~177km로 세계에서 가장 긴 나라다. 안데스 산맥 역시 남북으로 이어져 있는데 6,000m가 넘는 봉우리가 10개로 우리나라의 많은 산악인들이 즐겨 찾고 있다.

우리나라 최초 FTA 체결국, 칠레

칠레는 경제적 측면에서 우리나라가 최초로 자유무역협정(FTA, 2004년 4월 1일 발효)를 맺은 국가다. 칠레는 전통적으로 농수산물 수출 국가이어서 우리는 칠레산 포도, 칠레산 홍어를 맛보고 있다.

칠레의 저항 시민 파블로 네루다

파블로 네루다는 칠레의 시인이자 외교관이며 마르크스주의자로 칠레인의 사랑을 받는 작가다. 네루다의 시 세계를 들여다 보면 평범한 인간이면 누구나 살아가면서 겪게 되는 수 많은 변화를 읊고 있다. 젊은 시절에는 서정적이고 관능적인 작품으로, 나이가 들면서는 영적인 작품으로, 스페인 외교관 재직 시는 직접 스페인 내전의 참혹성을 고발하는 시를 썼다. 1953년에 레닌 평화상을, 1971년에는 노벨 문학상을 수상하였다.

파블로 네루다는 발빠라이소와 이웃한 비냐 델 마르를 가장 사랑했으며 이곳에서 시상을 떠올리곤 했다. 아마도 발빠라이소의 아름다운 항구, 비냐 델 마르의 형형색색의 건물과 벽화들이 네루다의 마음을 빼앗았을 것이다. 네루다가 거처하던 집 라 세바스띠아나(La Sebastiana)는 사후 복원되어 박물관으로 사용되고 있는데 스페인 건축가이자 친구인 세바스띠안(Sebastián)의 이름을 따서 세바스띠아나 박물관이라고 한다.

포도주

칠레는 세계적으로 유명한 포도주 생산국가다. 유럽이민자들에 의해 포도주가 주조되기 시작했는데, 특히 1877년 유럽과 미국을 휩쓴 필록세라(Filoxera) 병에서 안전한 지리적 입지를 갖추고 있어 경쟁력이 뛰어나다.

칠레는 북으로 아따까마 사막, 남으로 빙하, 동으로 안데스 산맥, 서로 태평양이라는 천혜적인 지형 조건과 물, 바람, 햇살, 건조한 기후 등으로 최적의 포도주 산지를 자랑하고 있다.

칠레에는 "¿Si al mundo vino(당신이 세상에 와서), y no toma vino(포도주를 마시지 않는다면,...? ¿Para qué vino(어찌 오셨나요)? 라는 말이 있을 정도로 포도주에 대해 긍지를 지니고 있다.

세계적으로 유명한 칠레산 포도주 브랜드로는 몬떼스 알파(Montes Alpha)와 알마비바(Almaviva) 등이 있다. 인접국인 아르헨티나에도 역시 세계적인 포도주 산지인 멘도사 지방이 있어 이 두 나라는 남미 포도주의 양대 산맥을 형성하면서 경쟁하고 있다.

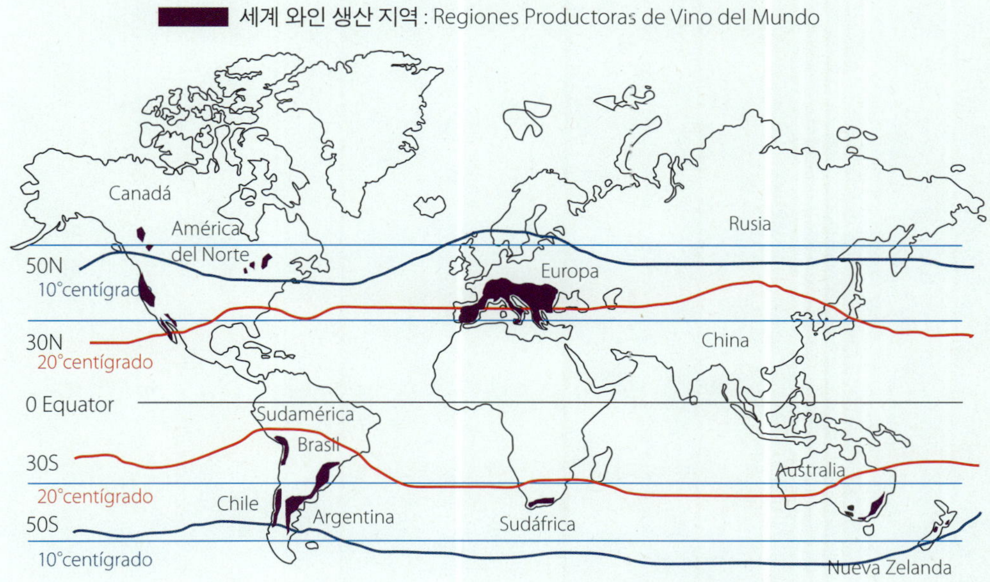

LECCIÓN 9

스페인어로 말해보자!

Lugares históricos

Elige algún lugar de interés histórico en tu país y habla sobre su historia (usa voz pasiva):

El lugar es llamado...
Fue fundado/construido...
Es famoso por...

memorándum

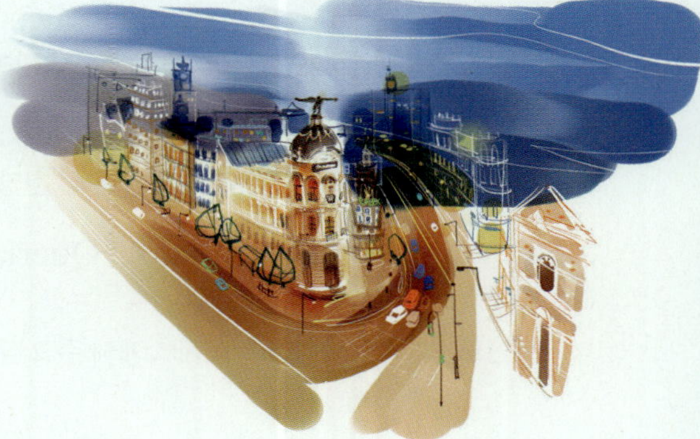

PARTE 2

LECCIÓN 10

EN LA PLAZA DE MAYO

5월 광장에서

A. LA CASA ROSADA 라 까사 로사다

Fernando: Hemos llegado a la Plaza de Mayo. Allá está mi amiga Alicia.
페르난도: 5월 광장에 도착했어. 저기 내 친구 알리시아가 있네.

Alicia: Hola, Fernando, bienvenido a mi país.
알리시아: 안녕, 페르난도, 우리 나라에 온 걸 환영해.

Fernando: Mira, él es Manse. Quería que lo conocieras.
페르난도: 봐, 얘는 만세야. 너에게 소개해 주고 싶었어.

Vocabulario

rosada adj. 장미빛의

conocieras v. conocer(알다)의 접속법 불완료과거 2인칭 단수

Alicia: Hola, Manse, bienvenido. ¿Estás listo para conocer Buenos Aires?
알리시아: 안녕, 만세야, 환영해. 부에노스 아이레스를 여행할 준비가 되었니?

Manse: Hola, mucho gusto. Sí.
만세: 안녕, 만나서 반가워. 그럼.

Alicia: Bueno, yo les recomendaría que primero visitáramos la Casa Rosada, la casa de la presidencia y después, la Catedral Metropolitana.
알리시아: 좋아. 난 너희들에게 먼저 대통령궁인 라 까사 로사다를 방문하고 그다음에 메뜨로뽈리따나 성당을 방문하라고 추천해주고 싶어.

Manse: ¿Quieres decir que esa casa es el despacho de los presidentes?
만세: 저 집이 대통령 집무실이라는 뜻이니?

Fernando: Exactamente.
페르난도: 맞아.

Alicia: Después me gustaría que comiéramos en mi casa.
알리시아: 그런 다음 우리 집에서 식사를 했으면 해.

Manse: ¡Qué amable! Claro que sí.
만세: 정말 친절하구나! 그럼 좋지.

Alicia: Bueno, vamos a la Casa Rosada porque ya va a empezar la visita guiada.
알리시아: 자, 라 까사 로사다로 가자. 이제 안내원 인솔 관람이 시작되니까.

Fernando: Vamos.
페르난도: 가자.

Vocabulario

presidencia f. 대통령직
despacho m. 사무실
presidente m. f. 대통령
exactamente adv. 명백하게
guiado/a adj. 안내된

LECCIÓN 10

B. EL TANGO 탱고

Manse: Entonces, te dedicas a dar clases de tango.
만세: 그러니까 너는 탱고 가르치는 일을 하는구나.

Alicia: Sí, llevo años dedicándome a eso y he participado en varios festivales. Aunque mis padres querían que estudiara medicina.
알리시아: 그래. 몇 년 동안 그 일을 하고 있고 여러 페스티벌에 참여했어. 그러나 나의 부모님은 내가 의학을 공부하기를 원하셨어.

Manse: Dime, ¿en qué consiste el tango?
만세: 말해줘. 탱고는 어떤 거야?

Alicia: Consiste en sentirse cómodo, relajarse y, sobre todo, en divertirse.
알리시아: 편안함을 느끼고 긴장을 풀고 무엇보다도 즐기는 거야.

Fernando: Estoy completamente de acuerdo contigo.
페르난도: 나도 네 의견에 전적으로 동의해.

Alicia: Entonces, Manse, ¿te atreves a dar

Vocabulario

- tango m. 탱고(춤)
- dedicarse 종사하다
- he participado v. participar(참여하다)의 직설법 현재완료 1인칭 단수
- festival m. 축제, 페스티벌
- medicina f. 약, 의학
- consistir en -로 구성되다
- relajarse v. 긴장을 풀다, 완화하다
- divertirse v. 즐기다
- acuerdo m. 합의, 협정
- atreverse a 감히 -하다

algunos pasos?
알리시아: 그렇다면, 만세, 스텝을 밟아 볼래?

Manse: Está bien, pero no se rían de mí.
만세: 좋아, 그러나 날 놀리지마.

Alicia: Claro que no, confía en mí. Mira, el tango se caracteriza por un abrazo muy estrecho entre la pareja, una caminata, un corte y una quebrada. En el corte dejamos de caminar y en la quebrada hacemos una postura que puede ser de diferentes formas, por ejemplo, así.
알리시아: 당연히 안 그러지, 나를 믿어. 자, 탱고의 특징은 커플이 매우 가깝게 포옹하고 스텝을 밟고 꼬르떼를 하고 께브라다를 하는 거야. 꼬르떼에서는 걸음을 멈추고 께브라다에서는 다양한 형태의 포즈를 취하지. 예를 들면 이런 거.

Manse: Interesante.
만세: 재미있네.

Vocabulario

- **paso** m. 스텝
- **reírse** v. 웃다
- **confiar** v. 신뢰하다
- **caracterizarse** v. 특징되다
- **abrazo** m. 포옹
- **corte** m. 절단, 차단, 멈춤
- **quebrada** f. 부서짐, 구부림
- **postura** f. 자세, 포즈
- **forma** f. 형태

C. UN MATE 마떼

Manse: ¿Qué vas a hacer?
만세: 뭐 하려고?

Alicia: Voy a prepararte un mate.
알리시아: 너에게 마떼차를 준비해 주려고 해.

Manse: Estupendo, quiero saber cómo se prepara para hacerlo en Corea.
만세: 신난다. 한국에서 만들어보게 어떻게 만드는지 알고 싶어.

Fernando: Primero, necesitas comprar un mate de calabaza, que es este. Esta es la bombilla, un popote de metal, mira. Y claro, necesitas la hierba.
페르난도: 먼저 호리병을 사야 하는데 바로 이거야. 이것이 빨대, 금속으로 된 빨대야. 아 그리고 차가 필요해.

Alicia: Además, necesitas un termo con agua caliente y un poco de agua tibia. En primer lugar, hay que llenar tres cuartas partes del mate con la yerba mate. En segundo lugar, hay que taparlo con la mano, voltearlo y agitarlo. Ahora, debemos inclinar el mate, así, y echar agua tibia.
알리시아: 그 외에도 따뜻한 물을 넣은 보온병과 약간의 미지근한 물이 필요해. 우선 호리병의 4분의 3을 마떼차로 채워야 해. 그런 다음 손으로 덮고 잘 흔들어. 이제 호리병을 기울이고 미지근한 물을 부어.

Fernando: Después hay que meter la bombilla.
페르난도: 그런 다음 빨대를 넣어야 해.

Alicia: Sí, por un lado, colocamos la bombilla y, por otro lado, hay que cebarlo, es decir, hay que prepararlo añadiendo el agua caliente. Déjame probarlo... ya está. Pruébalo.
알리시아: 그래, 한편으로는 빨대를 넣고 다른 한편으로는 채워가야 해. 다시 말해, 따뜻한 물을 부어가면서 만들어야 해. 내가 맛을 볼 게... 자 됐다. 맛봐.

Manse: Delicioso.
만세: 맛있다.

Vocabulario

- mate m. 마떼(차)
- estupendo/a adj. 멋진
- calabaza f. 호박
- bombilla f. 금속 빨대
- popote m. 빨대
- metal m. 금속
- hierba f. 약초, 마떼 잎
- termo m. 보온병
- caliente adj. 뜨거운
- tibio/a adj. 미지근한
- tapar v. 뚜껑을 덮다
- voltear v. 돌리다, 회전시키다
- agitar v. 흔들다
- inclinar v. 기울이다
- colocar v. 두다, 배치하다
- cebar v. 공급하다, 급수하다
- añadiendo añadir v.(첨가하다)의 현재분사

 이것만은 알아두자!

1. 접속법 불완료 과거시제

(1) -ar형과 -er/-ir형이 구분되고 활용어미가 -ra형도 쓰이고 -se형도 쓰이는데, 일반적으로 -ra형이 더 많이 쓰인다.

인칭과 수	-ar형 동사: hablar			
	-ra형 어미		-se형 어미	
Yo	**-ara**	habl**ara**	**-ase**	habl**ase**
Tú	**-aras**	habl**aras**	**-ases**	habl**ases**
Él, Ella, Ud.	**-ara**	habl**ara**	**-ase**	habl**ase**
Nosotros(-as)	**-áramos**	habl**áramos**	**-ásemos**	habl**ásemos**
Vosotros(-as)	**-arais**	habl**arais**	**-aseis**	habl**aseis**
Ellos, Ellas, Uds.	**-aran**	habl**aran**	**-asen**	habl**asen**
인칭과 수	-er/-ir형 동사: comer			
	-ra형 어미		-se형 어미	
Yo	**-iera**	com**iera**	**-iese**	com**iese**
Tú	**-ieras**	com**ieras**	**-ieses**	com**ieses**
Él, Ella, Ud.	**-iera**	com**iera**	**-iese**	com**iese**
Nosotros(-as)	**-iéramos**	com**iéramos**	**-iésemos**	com**iésemos**
Vosotros(-as)	**-ierais**	com**ierais**	**-ieseis**	com**ieseis**
Ellos, Ellas, Uds.	**-ieran**	com**ieran**	**-iesen**	com**iesen**

(2) **직설법 과거 3인칭 복수 형태에서 불규칙인 동사는 접속법 불완료 과거에서도 마찬가지이다. 그래서 직설법 과거 3인칭 복수 형태에서 어미 -ron을 없앤 후 -ra나 -se를 붙여 활용시키면 된다.**

decir 말하다 (dije-ron) : dijera, dijeras, dijera, dijéramos, dijerais, dijeran
poner 놓다 (pusie-ron) : pusiera, pusieras, pusiera, pusiéramos, pusierais, pusieran
saber 알다 (supie-ron) : supiera, supieras, supiera, supiéramos, supierais, supieran
ir 가다, ser ~이다 (fue-ron) : fuera, fueras, fuera, fuéramos, fuerais, fueran
leer 읽다 (leye-ron) : leyera, leyeras, leyera, leyéramos, leyerais, leyeran
tener 가지고 있다 (tuvie-ron) : tuviera,tuvieras, tuviera, tuviéramos, tuvierais, tuvieran
estar 있다 (estuvie-ron) : estuviera, estuvieras, estuviera, estuviéramos, estuvierais, estuvieran
querer 좋아하다 (quisie-ron) : quisiera, quisieras, quisiera, quisiéramos, quisierais, quisieran
sentir 느끼다 (sintie-ron) : sintiera, sintieras, sintiera, sintiéramos, sintierais, sintieran
dormir 자다 (durmie-ron) : durmiera, durmieras, durmiera, durmiéramos, durmierais, durmieran

(3) **접속법이 사용되는 문맥에서 주절의 동사가 과거와 관련된 시제, 즉 과거, 불완료과거, 과거완료, 가정미래 등으로 나타날 때 시제 일치를 위해 종속절의 접속법이 과거로 사용된다.**

Quería que lo conocieras. 네가 그를 알게 되기를 바랐었다.
Me gustaría que comiéramos en mi casa. 제 집에서 식사하면 좋을 것 같습니다.

2. 전치사 수반 동사

(1) dedicarse a ... ~에 헌신하다, 종사하다

Te dedicas a dar clases de tango. 너는 탱고 강의에 종사한다.

(2) consistir en ... ~로 구성되다

El tango consiste en sentirse cómodo y divertirse.
탱고는 편안하게 즐기는 것으로 구성되어 있다.

(3) atreverse a ... 감히 ~하다, 대담하게 ~하다

Me atrevo a dar algunos pasos. 나는 대담하게 스텝을 밟아 본다.

(4) reírse de ... ~을 비웃다

Vas a reírte de mí. 너는 나를 비웃을 거야.

(5) confiar en ... ~ 믿다

Confía en mí. 나를 믿어.

(6) caracterizarse por ... ~가 특징이다

El tango se caracteriza por su música.

탱고는 그 음악이 특징적이다.

3. 담화 표지

(1) 상대방의 주의를 환기시키면서 대화를 자연스럽게 시작하기 위해 además, bueno, entonces, mira 등을 사용한다.

Además, necesitas agua caliente. 게다가 따뜻한 물도 필요해.

Bueno, vamos a la Casa Rosada. 자, 라 까사 로사다에 가자.

Entonces te dedicas a eso. 그래, 네가 그 일에 종사한다는 말이지.

Mira, él es Manse. 이봐, 그가 만세야.

(2) '첫 번째는 ... 두 번째는 ...'과 같은 표현은 En primer lugar ..., en segundo lugar로 표현한다.

En primer lugar, hay que llenar la taza. En segundo lugar, hay que meter el té.

첫 번째는 찻잔을 채워야 한다. 두 번째는 차를 넣어야 한다.

(3) '한편으로는 ... 다른 한편으로는 ...'과 같은 표현은 por un lado ..., por otro lado ...로 표현한다.

Por un lado, es fuerte y, por otro lado, es delicioso.

한편으로는 강하고 다른 한편으로는 맛있다.

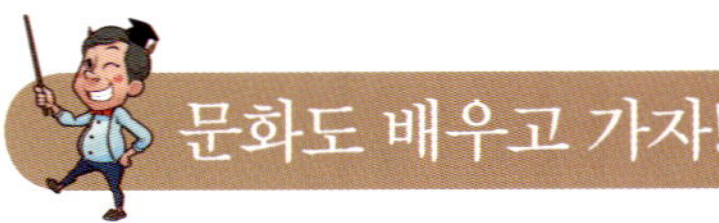

5월 광장

5월 광장(Plaza de Mayo)은 아르헨티나인들에게 있어 역사적 의미를 지닌 소통의 광장이다. 5월 광장은 아르헨티나 독립 혁명일 1810년 5월 25일을 기념하기 위한 것으로 다양한 이름으로 불리다가 오늘날은 5월 광장으로 통일되게 불리우고 있다.

5월 광장의 현대적 의미 중 중요한 것은 1976~83년 군부 정권 하 '더러운 전쟁' 기간 중 실종된 수 많은 사람들의 어머니들이 매년 5월 25일 대통령궁(la Casa Rosada) 앞에 있는 5월 광장에 모여 머리에 하얀 수건을 두르고 광장에서 묵묵히 원을 그리며 실종된 가족에 대한 그리움과 역사를 기억하고 있는 것이다.

아르헨티나의 대표 아이콘, 탱고

탱고는 아르헨티나 부에노스아이레스 근방 '라 보까(La Boca)'지역에서 발달된 세속적인 항구도시의 음악이며 춤이다. '라 보까'는 외국에서 이주해 오는 이민자들의 첫 도착지로 이민자들과 가우초(Gaucho)라는 목동 그리고 일부 흑인 노예들이 바의 여인들과 어울려 고독, 박탈감, 고뇌 등을 한풀이 하면서 만들어낸 애환이 서린 음악이라 할 수 있다

탱고의 대표 아이콘으로는 까를로스 가르델(Carlos Gardel, 대중의 사랑을 받은 탱고의 국민 가수)과 아르헨티나 탱고의 아버지 아스또르 삐아졸라(Ástor Piazzolla)가 있다.

탱고(Tango)는 오늘날 국제선수권대회 스탠다드 볼룸댄스 5개 종목 중 하나로 우리나라에도 많은 동아리를 중심으로 확산되고 있다.

아르헨티나의 음식문화

마떼는 아르헨티나 및 파라과이 등의 국가에서 커피, 차, 코코아 다음으로 즐겨 마시는 전통차다. 마떼는 차 통에 마떼를 넣고 뜨거운 물을 부은 후 빨대를 한 개 꽂아서 여러 사람이 돌려 가며 마시기 때문에 건강차일뿐만 아니라 타인과의 우정과 교감을 나누는 차다.

아르헨티나는 11월 30일을 '국가 마떼의 날'로 지정하여 국민차임을 증명하고 있다.

아사도(Asado)는 아르헨티나 대표 식문화 아이콘 중 하나이다. 아르헨티나인의 긍지이자 정체성이 담긴 쇠고기 구이라고 할 수 있는데, 가정에도 아사도 조리 시설 '아사데로'가 있을 정도로 국민들의 사랑을 받으며, 축제 시 아르헨티나산 포도주와 더불어 필수 요리로 여겨진다.

스페인어로 말해보자!

Instrucciones

Explica, de manera general, los pasos para realizar las siguientes actividades:

1. Comprar una soda en la máquina de bebidas.
2. Antes de tomar un avión en el aeropuerto.
3. Preparar un huevo frito.
4. Cocinar *ramen*.

Usa los siguientes conectores: *en primer lugar/primero, en segundo lugar, después, por su parte, por último*, etc.

memorándum

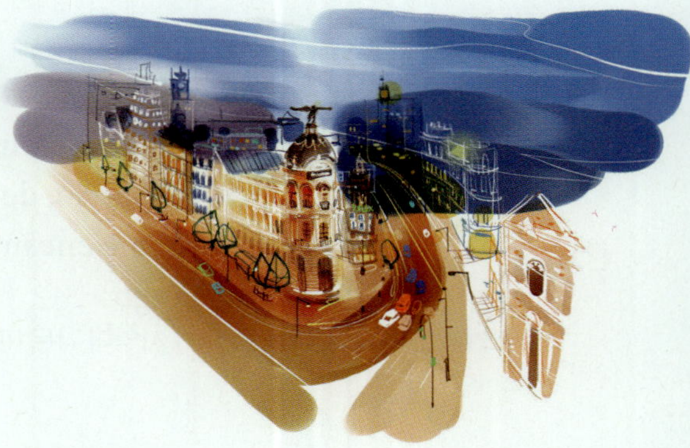

PARTE 2

LECCIÓN 11

EN EL FIN DEL MUNDO: USHUAHIA

세상의 끝: 우수아이아

A. DE BUENOS AIRES A USHUAIA 부에노스 아이레스에서 우수아이아로

Alicia: ¿Qué les ha parecido mi ciudad, Buenos Aires?

알리시아: 우리 도시 부에노스 아이레스가 어땠니?

Manse: Es una ciudad increíble. A mí me encantó mucho el barrio, de La Boca. Pero más que eso, me encantó tu mate y tus clases de Tango.

만세: 놀라운 도시야. 나는 라 보까 지역이 너무 마음에 들었어.

Vocabulario

mundo m. 세상

barrio m. 구역

그러나 그것보다도 너의 마떼차와 탱고 수업이 좋았어.

Alicia: Jajaja.
알리시아: 하하하.

Manse: Sí, si tuviéramos más tiempo, nos quedaríamos más días.
만세: 그래, 시간이 더 있다면 며칠 더 머무를 텐데.

Alicia: Sí, a mí me encantaría que se quedaran más tiempo. Si yo no tuviera trabajo, iría con ustedes a Ushuaia.
알리시아: 그래, 나도 너희들이 더 머물면 좋을 것 같아. 내가 일이 없으면 너희들과 우수아이아에 함께 갈텐데.

Manse: Si vinieras, sería divertidísimo.
만세: 네가 오면 매우 재미있을 거야.

Fernando: Bueno, tenemos que irnos. Muchas gracias por todas tus atenciones.
페르난도: 자, 이제 가야 해. 잘 대해줘서 정말 고마워.

Alicia: De nada. Manse, ha sido un placer conocerte.
알리시아: 천만에. 만세, 너를 만나서 즐거웠어.

Manse: Para mí, también.
만세: 나도 그래.

Fernando y Manse: Adiós.
페르난도와 만세: 안녕.

Vocabulario

divertidísimo/a adj. 엄청 즐거운

LECCIÓN 11

PARTE 2

B. EN EL PARQUE NACIONAL 국립공원에서

Guía: Bienvenidos a Ushuaia, la capital de la provincia Tierra del Fuego.
안내원: 띠에라 델 후에고 지방의 수도인 우수아이아에 오신 걸 환영합니다.

Fernando: Estamos en la ciudad más austral habitada del mundo.
페르난도: 우리는 세계의 가장 남쪽에 있으면서 사람이 거주하는 도시에 있는 거야.

Manse: ¿Cuándo fue fundada?
만세: 언제 세워졌나요?

Guía: En 1884. En esta excursión visitaremos el Parque Nacional.
안내원: 1884년이요. 이번 관광에서는 국립공원을 방문할 겁니다.

Fernando: ¿Podremos hacer el recorrido en el tren del fin del mundo?
페르난도: 세상 끝의 기차를 타고 관광을 할 수 있나요?

Guía: Sí, el servicio del tren había sido suspendido pero, afortunadamente, ha sido reabierto.

Vocabulario

- provincia f. 지방
- austral adj. 남쪽의
- habitado/a adj. 거주된
- fundado/a adj. 세워진, 설립된
- excursión f. 소풍
- suspendido/a adj. 중단된
- afortunadamente adv. 다행이도, 운좋게도
- reabierto/a adj. 다시 열린
- línea f. 선
- ferrocarril m. 철도
- preso m. 죄수
- prisión f. 감옥
- opcional adj. 선택적인
- ampliamente adv. 널리
- paisaje m. 풍경

안내원: 네, 버스 서비스가 중단되었었지만 다행히 다시 시작이 되었어요.

Manse: No podemos perdernos el viaje en la línea de ferrocarril más austral del mundo.

만세: 우리는 세계의 가장 남쪽의 기차 여행을 놓칠 수 없어.

Guía: El recorrido es el mismo que hacía el tren cuando eran llevados los presos a la prisión nacional de Ushuaia. El recorrido es opcional pero yo se lo recomiendo ampliamente. Durante el recorrido verán los paisajes más bonitos del mundo.

안내원: 여정은 죄수들이 우수아이아의 국립감옥으로 이송될 때 탔던 기차 노선과 동일합니다. 여정은 선택사항인데 여러분에게 적극 추천합니다. 여정 동안 세계에서 가장 아름다운 경치를 볼 것입니다.

C. EL ÚLTIMO DÍA EN USHUAIA 우수아이아에서의 마지막 날

Ushuaia, 26 de agosto
우수아이아, 8월 26일

Ahora estoy en Ushuaia, Argentina. Primero visitamos Buenos Aires, es una ciudad hermosa. Gracias a la amiga de mi amigo Fernando, Alicia, tuvimos oportunidad de experimentar la cultura en Buenos Aires. Nunca antes había conocido a una chica tan simpática como ella.
나는 지금 아르헨티나, 우수아이아에 있다. 먼저 부에노스 아이레스를 방문했는데 아름다운 도시다. 내 친구 페르난도의 친구인 알리시아 덕분에 부에노스 아이레스에서 문화를 경험할 수 있었다. 나는 그녀처럼 그렇게 친절한 소녀는 만나보질 못했다.

Me enseñó a bailar tango, es muy buena profesora. Nunca había intentado bailar pero la verdad es que lo disfruté mucho. También me enseñó a preparar el mate, ya lo había probado una vez pero nunca había visto cómo lo preparaban.
나에게 탱고 추는 법을 가르쳐주었는데 매우 훌륭한 선생이다. 나는 전에는 한 번도 춤을 추려고 하지 않았었는데 나는 정말 많이 즐겼다. 나에게 마떼 차를 만드는 법도 가르쳐주었는데 나는 이미 한 번 그 맛을 보았었지만 그것을 만드는 것은 한번도 보지 못했었다.

Hoy por la mañana, mi amigo Fernando y yo visitamos el Parque Nacional. Fue espectacular. En ningún otro lugar había visto esos paisajes naturales. En fin, ahora estoy un poco nostálgico. Mi viaje está por terminar.
오늘 오전, 내 친구 페르난도와 나는 국립공원을 방문했다. 장관이었다. 다른 곳에서는 그러한 자연경관을 보지 못했다. 이제 조금 향수가 느껴진다. 내 여행은 끝나가고 있다.

Mañana estaré viajando a la ciudad de Los Ángeles y de ahí volaré a Corea. Extraño mucho a mi familia y ya quiero verla pero la verdad es que si pudiera, me gustaría seguir viajando por América Latina. Ha sido una gran experiencia.
내일 로스앤젤레스로 가서 거기서 한국으로 갈 거다. 나의 가족이 무척 그립고 이제 그들을 보고 싶지만 사실은 할 수만 있다면 라틴아메리카를 계속 여행하고 싶다. 정말 좋은 경험이었다.

Vocabulario

- experimentar v. 경험하다
- intentado v. intentar(시도하다)의 과거분사
- Espectacular adj. 장관인, 눈부신
- nostálgico/a adj. 향수에 젖은
- extrañar v. 그리워하다

이것만은 알아두자!

1. 가정문

(1) si 조건절에 현재를 쓰고 귀결절에 미래를 쓰면, 현재나 미래에 가능한 일에 대한 가정을 표현한다.

Si vienes, será divertidísimo. 네가 오면 정말 재미있을 거야.

Si tenemos más tiempo, nos quedaremos más días.

우리가 시간이 더 있으면 며칠 더 있을 거야.

(2) si 조건절에 접속법 불완료 과거를 쓰고 귀결절에 가정미래를 쓰면, 현재 가능성이 희박한 일에 대한 가정을 표현한다.

Si vinieras, sería divertidísimo. 네가 온다면 정말 재미있을 텐데...

Si tuviéramos más tiempo, nos quedaríamos más días.

시간이 더 있다면 며칠 더 머무를 텐데...

2. 직설법 과거완료

(1) 과거완료형은 현재완료과 마찬가지로 "haber동사 + 과거완료"의 형식을 취하는데 이때 haber동사를 불완료 과거형으로 활용시켜 주면 된다.

인칭	-ar	-er	-ir
Yo	**había** habl**ado**	**había** com**ido**	**había** viv**ido**
Tú	**habías** habl**ado**	**habías** com**ido**	**habías** viv**ido**
Él, Ella, Ud.	**había** habl**ado**	**había** com**ido**	**había** viv**ido**
Nosotros(-as)	**habíamos** habl**ado**	**habíamos** com**ido**	**habíamos** viv**ido**
Vosotros(-as)	**habíais** habl**ado**	**habíais** com**ido**	**habíais** viv**ido**
Ellos, Ellas, Uds.	**habían** habl**ado**	**habían** com**ido**	**habían** viv**ido**

(2) 기준이 되는 과거 시점보다 더 과거인 내용을 나타내는 시제이다.

Me dijo que había estado en Ushuaia.
내게 우수아이아에 가봤다고 말했다.

Nunca antes había conocido a una chica tan simpática como ella.
그전에는 그녀만큼 친절한 소녀를 만난 적이 없다.

Ya había probado el mate pero nunca había visto cómo lo preparaban.
이미 마떼 차를 마셔봤지만 그것을 어떻게 준비하는지 본 적이 없었다.

3. 부사

(1) 순수 부사는 아래의 유형이 있다.

a. 시간 부사: ayer 어제, hoy 오늘, mañana 내일, anoche 어젯밤, ahora 지금, ya 이미, antes 예전에, tarde 늦게, temprano 일찍, pronto 곧, todavía 아직, siempre 항상

b. 방법 부사: bien 잘, mal 나쁘게, muy 아주, tan 너무, mucho 많이, poco 적게, también 역시, nunca 결코

c. 장소 부사: lejos 멀리, cerca 가까이, aquí 여기, ahí 거기, allí 저기

(2) -mente형 부사는 형용사에서 파생한 것이다.

a. 형용사가 -o형인 경우에는 -a로 바꾼 뒤 -mente를 붙여서 파생부사를 만드는데, 형용사의 강세는 그대로 유지하고 이차 강세가 '-mente'에 있다.

afortunado 운 좋은 ⇒ afortunadamente 운 좋게
amplio 넓은 ⇒ ampliamente 넓게
divertido 재미있는 ⇒ divertidamente 재미있게
hermoso 아름다운 ⇒ hermosamente 아름답게

b. '-o' 이외의 철자로 끝난 형용사의 경우에는 바로 '-mente'를 붙인다.

feliz 행복한 ⇒ felizmente 행복하게
fuerte 강한 ⇒ fuertemente 강하게
mundial 세계의 ⇒ mundialmente 세계적으로
general 일반적인 ⇒ generalmente 일반적으로
opcional 선택의 ⇒ opcionalmente 선택적으로

(3) 부사는 동사, 형용사, 부사 혹은 문장 전체를 수식한다.

Alicia es **muy** buena profesora. 알리시아는 아주 좋은 선생님이다.

Nunca había intentado bailar tango. 결코 탱고를 추려고 시도한 적이 없었다.

Afortunadamente, podemos tomar el tren.

다행스럽게도, (우리는) 기차를 탈 수 있다.

문화도 배우고 가자!

지구 땅끝 마을 우수아이아

우수아이아는 아르헨티나 최남단 도시로 지구 땅끝마을이라 불린다. 우수아이아는 띠에라 델 푸에고(Tierra del Fuego, 마젤란이 탐험할 당시 불모의 땅에서 타고 있는 불을 보고 명명)의 수도로 지구 땅끝을 찾아, 또 남극의 정취를 찾아 많은 관광객들이 찾는 명소이다.

우수아이아에는 '세상의 끝을 달리는 기차'가 있다. 우수아이아는 원래 죄수들의 유형지로 이 열차는 죄수들을 실어 날랐으나 오늘날에는 관광객들을 위한 열차로 변모하였다.

우수아이아 국립공원도 해안을 따라 도는 트레킹 코스가 있어 주변의 아름다운 풍광을 감상할 수 있다.

우수아이아에서는 이 외에도 남극을 구경하는 유람선 여행, 펭귄과 대화를 나눌 수 있는 비글해협 관광을 할 수 있다.

맨 위는 우수아이아 전경, 중간 좌측은 지구 최남단 등대, 중간 우측은 말비나스 전쟁 기념비, 맨 아래 좌측은 띠에라 델 푸에고(Tierra del Fuego), 맨 아래 우측은 남극 탐험 유람선이 출발하는 항구

스페인어로 말해보자!

Viajes y experiencias

Conversa con tu compañero sobre un viaje que has hecho y comenta lo siguiente:

a) El itinerario.
b) Las experiencias nuevas durante el viaje (*nunca antes había comido/visto/viajado...*, etc.).

LECCIÓN 12

FIN DEL VIAJE

여행의 끝

A. EN EL VIDEOCHAT 화상채팅에서

Javier: Manse, ¿cómo estás? ¡Qué gusto saber de ti!
하비에르: 만세, 어떻게 지내? 네 소식을 알게 되어서 정말 기쁘구나!

Manse: Hola, ¿cómo estáis?
만세: 안녕, 너희들 어떻게 지내니?

Javier: Bien. Hemos recibido las postales que nos enviaste de México. Nos han encantado, muchísimas gracias. No

Vocabulario

videochat m. 화상채팅
postal m. 엽서

sabes cómo te hemos echado de menos. ¿En qué país estás ahora?
하비에르: 좋아. 네가 멕시코에서 우리에게 보내준 엽서를 받았어. 마음에 들었어, 정말 고마워. 우리가 너를 얼마나 그리워하는지 모를 거야. 지금 어느 나라에 있니?

Manse: Ahora estoy en Argentina, estoy a punto de tomar el avión para Los Ángeles y de ahí hasta Corea.
만세: 지금 아르헨티나에 있어. 이제 로스앤젤레스 행 비행기를 타려고 하는데 거기서 한국으로 가.

Javier: ¡Qué emoción! ¿Sabes?, he conseguido un empleo y mañana empezaré a trabajar.
하비에르: 감격스럽다! 그거 알아? 내가 직장을 구해서 내일 일하기 시작해.

Manse: ¡Qué buena noticia!
만세: 정말 좋은 소식이다!

Javier: Sí, necesito ahorrar porque el próximo año viajaré por Asia. Probablemente nos veremos por allá.
하비에르: 그래, 내년에 아시아를 여행할 거라 저축해야 해. 아마도 거기서 우리 만날 거야.

Manse: Por supuesto que tienes que ir a Corea. Bueno, es hora de tomar mi avión.
만세: 너는 한국에 꼭 와야 해. 자, 비행기를 탈 시간이야.

Javier: Todos te mandan saludos.
하비에르: 모두 너에게 안부를 전해.

Manse: Igualmente.
만세: 나도.

Javier: Conéctate cuando estés en Corea para conversar más.
하비에르: 한국에 도착하면 얘기를 더 나눌 수 있도록 접속해.

Manse: Claro que sí, adiós.
만세: 물론이지, 안녕.

Javier: Adiós, buen viaje.
하비에르: 안녕, 여행 잘 해.

Vocabulario

estar a punto de 막 –하려는 참이다
emoción f. 감정, 정서
empleo m. 직업, 일자리
noticia f. 소식
ahorrar v. 저축하다
por supuesto adv. 물론
mandar v. 보내다
saludo m. 안부
conéctate v. conectar(접속시키다)의 명령형 2인칭 단수
conversar v. 이야기하다, 대화하다

B. A PUNTO DE EMBARCAR 탑승을 앞두고

Fernando: ¿Por qué estás tan contento?
페르난도: 왜 그렇게 기분이 좋니?

Manse: Es que acabo de hablar con uno de los miembros de mi familia de España.
만세: 나의 스페인의 가족 중 한 사람과 방금 얘기를 나눴거든.

Fernando: ¿Tú familia de España?
페르난도: 너의 스페인 가족?

Manse: Sí, la familia que me acogió durante mi estancia en España.
만세: 응, 내가 스페인에 있을 때 나를 환대해준 가족.

Fernando: Y ¿qué dicen?
페르난도: 뭐라고 하는데?

Manse: Javier, el hijo mayor, me dijo que le daba gusto saber de mí, que habían recibido mis postales de México y que les habían encantado. También me dijo que me echaban de menos.
만세: 장남인 하비에르가 내 소식을 들어서 기쁘다고 하고 멕시코에서 내가 보낸 엽서를 받았고 마음에 든다고 했어. 그리

Vocabulario

- **contento/a** adj. 만족스러운
- **miembro** m. 일원, 회원, 멤버
- **acogió** v. acoger(맞아들이다, 숙박시키다)의 직설법 과거 3인칭 단수

고 나를 그리워한다고 했어.

Fernando: Me imagino que tú también los extrañas.
페르난도: 너도 그들을 그리워하는 것 같아.

Manse: Mucho, fueron muy atentos conmigo. También me dijo que mañana empezaría a trabajar porque quiere viajar por Asia el próximo año. Al final, me pidió que me conectara cuando llegue a Corea.
만세: 많이. 나에게 정말 잘 해주었어. 게다가 그가 내일 일을 시작하는데 내년에 아시아를 여행하고 싶어해. 마지막으로 내가 한국에 도착하면 나와 채팅을 하자고 했어.

Fernando: Sí, cuando llegues a Corea, escríbeme a mí también.
페르난도: 그래, 한국에 도착하면 나에게도 연락해.

Vocabulario

atento/a adj. 주의를 기울이고 있는

C. LA DESPEDIDA 작별

Fernando: Es hora de partir.
페르난도: 이제 출발할 시간이야.

LECCIÓN 12

Manse: Sí, ya están anunciando tu vuelo.
만세; 그래, 벌써 네 비행기 안내를 하고 있어.

Fernando: Manse, llegó la hora de despedirnos.
페르난도: 만세, 작별할 시간이 왔네.

Manse: El tiempo pasó muy rápido.
만세: 시간이 너무 빨리 지나갔다.

Fernando: Sí, el tiempo vuela cuando te lo pasas muy bien.
페르난도: 그래, 시간은 잘 지낼 때면은 날아가.

Manse: Te voy a extrañar.
만세: 네가 그리울 거야.

Fernando: Yo también.
페르난도: 나도.

Manse: Muchas gracias por todo.
만세: 모두 다 고마워.

Fernando: No tienes nada que agradecer.
페르난도: 고마워할 거 하나도 없어.

Manse: Espero que tengas buen viaje y que llegues bien.
만세: 여행 잘 하고 도착 잘 하길 바래.

Fernando: Lo mismo para ti.
페르난도: 너도.

Manse: Escríbeme cuando llegues.
만세: 도착하면 연락해.

Fernando: Sí, adiós.
페르난도; 그래, 안녕.

Manse: Adiós, amigo.
만세: 안녕, 친구.

Vocabulario

despedida f. 작별
partir 떠나다, 출발하다
anunciar v. 알리다
despedir v. 작별하다

이것만은 알아두자!

1. 간접화법

(1) 다른 사람이 평서문으로 한 말을 간접화법으로 인용할 때는 접속사 que로 종속문을 시작하며, 시제와 지시어 등을 바꿔야 한다.

Me dijo: “Me da gusto saber de ti”.
“너에 대해 알게 되어 기뻐.”라고 내게 말했다.

Me dijo que le daba gusto saber de mí.
나에 대해 알게 되어 기쁘다고 내게 말했다.

Me dijo: “Mañana empezaré a trabajar”.
“나는 내일 일을 시작해.”라고 내게 말했다.

Me dijo que mañana empezaría a trabajar.
그는 내일 일을 시작할 것이라고 내게 말했다.

(2) 의문사가 있는 의문문으로 한 말을 간접화법으로 인용할 때는 의문사를 그대로 써서 종속문을 만든다.

Me preguntó: “¿Cuándo quieres hacer una fiesta?”
“너는 언제 파티를 하고 싶니?”라고 내게 물었다.

Me preguntó cuándo quería hacer una fiesta.
내게 언제 파티를 하고 싶은지 물었다.

(3) 의문사가 없는 의문문으로 한 말을 간접화법으로 인용할 때는 si를 써서 종속문을 만든다.

Me preguntó: “¿Quieres hacer una fiesta?”
“너는 파티를 하고 싶니?”라고 내게 물었다.

Me preguntó si quería hacer una fiesta.
내게 파티를 하고 싶은지 물었다.

2. 감탄문

(1) 주로 qué, cuánto, cómo 등의 의문사를 사용하여 만들며, 다양한 품사와 함께 쓰인다. 주어와 동사가 있는 경우 동사를 앞에 쓴다.

¡Qué emoción! 정말 감동이야!

¡Qué buena noticia! 정말 좋은 소식이구나!

¡Qué gusto saber de ti! 너에 대해 알게 되어 정말 기쁘구나!

¡Qué postales tan bonitas! 정말 예쁜 카드들이구나!

¡Qué bien! 정말 잘 됐구나!

¡Cuánta gente! 정말 사람이 많구나!

¡Cómo no! 물론이야!

(2) 감탄부호를 앞뒤로 붙여주면 다양한 표현들이 감탄문이 된다.

¡Dios mío! 하나님 맙소사!

¡Felicidades! 축하합니다!

¡Feliz cumpleaños! 생일 축하해!

¡Feliz Navidad! 즐거운 성탄절되세요!

¡Feliz Año Nuevo! 새해 복 많이 받으세요!

¡Muchas gracias! 대단히 감사합니다!

문화도 배우고 가자!

여행과 인맥 쌓기

만세의 여정은 여기서 끝난다. 스페인으로 어학연수 떠날 때만 해도 조금의 두려움이 있었을 텐데 무사히 라틴아메리카까지 가서 여행도 하고 친구도 사귀게 되었다. 여러분의 시대는 디지털 시대이므로 한 번 친구는 영원한 친구로 남을 수 있다. 즉 facebook, twitter, kakaostory, blog, linked in, instagram 등의 SNS를 통해 인맥네트워크를 잘 운용한다면 평생 좋은 친구로 서로에게 큰 힘이 될 수 있다.

라틴아메리카로의 여행

만세는 드디어 우리나라와 정반대에 있는 아르헨티나에서 스페인에서 라틴아메리카를 넘나드는 문화 여정의 끝을 맞이하게 된다. 만세는 여정의 끝에서 지난 여행의 의미를 정리해 본다. 개척자 정신으로 국경을 넘나들면서 만들어 진 글로벌 마인드에 자부심을 가져 본다. 만세! 만세! 만만세!

만세는 서울에서 스페인으로 직항노선인 국적기를 이용해 출발해서 유럽의 항공 노선을 이용해 라틴아메리카로 여행을 두루 하였다. 한국에서 라틴아메리카로 여행하기 위해서는 미국, 유럽, 중동 및 아시아를 경유하는 방법이 있다. 미국은 주로 LA, 휴스턴, 뉴욕 등을, 유럽은 마드리드, 파리, 프랑크푸르트, 암스텔담, 런던 등을, 중동은 두바이, 도하 등을, 아시아는 일본 등을 경유해서 여행을 계획할 수 있다. 여행의 묘미는 stop-over를 활용하는 데에도 있어 여행 코스를 선택할 때 고려해 봄 직하다.

독자 여러분들도 만세처럼 스페인어에 입문한 이상 스페인과 라틴아메리카를 넘나들면서 글로벌 인재로 성장하기를 바란다.

스페인어로 말해보자!

Logros y metas

Conversa con tu compañero/a sobre lo siguiente:

¿Qué cosas importantes has hecho en este año?
¿Cuáles son tus planes para el año próximo?

Después reportarás a la clase las respuestas de tu compañero/a (*"El próximo año iré a..." / mi compañero me ha dicho que el próximo año iría a...*)

memorándum

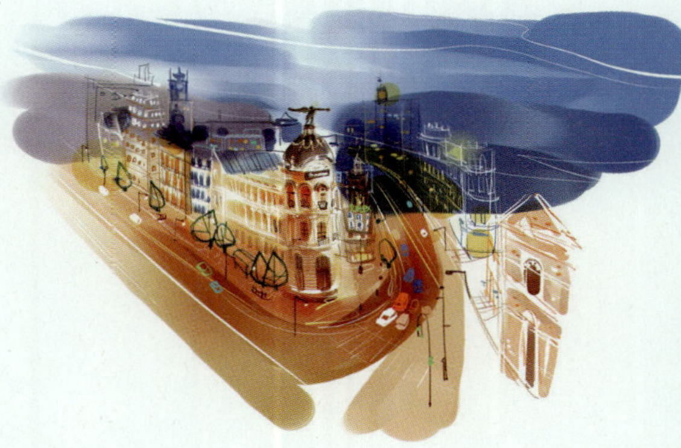

LECCIÓN 12

동사활용표

hablar 말하다 (현재분사 hablando, 과거분사 hablado)			
직설법		접속법	
현재	현재완료	현재	현재완료
hablo	he hablado	hable	haya hablado
hablas	has hablado	hables	hayas hablado
habla	ha hablado	hable	haya hablado
hablamos	hemos hablado	hablemos	hayamos hablado
habláis	habéis hablado	habléis	hayáis hablado
hablan	han hablado	hablen	hayan hablado
과거	불완료 과거	불완료 과거	
hablé	hablaba	hablara	hablase
hablaste	hablabas	hablaras	hablases
habló	hablaba	hablara	hablase
hablamos	hablábamos	habláramos	hablásemos
hablasteis	hablabais	hablarais	hablaseis
hablaron	hablaban	hablaran	hablasen
과거완료		과거완료	
había hablado		hubiera hablado	
habías hablado		hubieras hablado	
había hablado		hubiera hablado	
habíamos hablado		hubiéramos hablado	
habíais hablado		hubierais hablado	
habían hablado		hubieran hablado	
미래	가정미래	명령법	
		긍정형	부정형
		-	-
hablaré	hablaría	habla	no hables
hablarás	hablarías	hable	no hable
hablará	hablaría	hablemos	no hablemos
hablaremos	hablaríamos	hablad	no habléis
hablaréis	hablaríais	hablen	no hablen
hablarán	hablarían		

※ 전 시제와 분사형에 있어서 규칙 변화하는 '-ar'형 기본 동사:

abordar 탑승하다, abrocharse 잠그다, acabar 끝내다, agitar 흔들다, ahorrar 저축하다, anunciar 알리다, aprovechar 이용하다, arreglarse 치장하다, ayudar 도와주다, bañarse 목욕하다, basar 근거를 삼다, caminar 걷다, celebrar 축하하다, cepillarse 솔질하다, charlar 이야기를 나누다, chatear 채팅하다, cocinar 요리하다, coleccionar 수집하다, comprar 사다, conectar 접속시키다, confirmar 확인하다, conversar 대화하다, cortar 자르다, dejar 내버려두다, desayunar 아침을 먹다, descansar 쉬다, desear 원하다, disfrutar 즐기다, ducharse 샤워하다, durar (시간이) 걸리다, echar 던지다, encantar -을 현혹시키다, enfermarse 병이 나다, enseñar 가르치다, entrar 들어가다, escuchar 듣다, esperar 기다리다, estudiar 공부하다, experimentar 경험하다, extrañar 그리워하다, fascinar -을 매혹시키다, funcionar 작동하다, ganar 이기다, girar 돌다, hospedarse 숙박하다, importar 중요하다, inclinar 기울이다, informar 알리다, iniciar 시작하다, intentar 시도하다, invitar 초대하다, levantarse 일어나다, llevar 가져가다, mandar 보내다, maquillarse 화장하다, mirar 쳐다보다, nadar 수영하다, necesitar 필요하다, parar 멈추다, participar 참여하다, pasar 지나오다, peinarse (머리를) 빗다, pelar (껍질을) 벗기다, pintar 그리다, preocupar 걱정시키다, preparar 준비하다, presentar 소개하다, prestar 빌려주다, quedar 머물다, regresar 돌아가다, relajar 완화하다, remodelar 개조하다, revisar 점검하다, tapar (뚜껑을) 덮다, tapear 안주를 먹다, terminar 끝내다, trabajar 일하다, visitar 방문하다, voltear 회전시키다.

comer 먹다 (현재분사 comiendo, 과거분사 comido)			
직설법		접속법	
현재	현재완료	현재	현재완료
como comes come comemos coméis comen	he comido has comido ha comido hemos comido habéis comido han comido	coma comas coma comamos comáis coman	haya comido hayas comido haya comido hayamos comido hayáis comido hayan comido
과거	불완료 과거	불완료 과거	
comí comiste comió comimos comisteis comieron	comía comías comía comíamos comíais comían	comiera comieras comiera comiéramos comierais comieran	comiese comieses comiese comiésemos comieseis comiesen
과거완료		과거완료	
había comido habías comido había comido habíamos comido habíais comido habían comido		hubiera comido hubieras comido hubiera comido hubiéramos comido hubierais comido hubieran comido	
미래	가정미래	명령법	
		긍정형	부정형
comeré comerás comerá comeremos comeréis comerán	comería comerías comería comeríamos comeríais comerían	- come coma comamos comed coman	- no comas no coma no comamos no comáis no coman

※ 전 시제와 분사형에 있어서 규칙 변화하는 '-er'형 기본 동사:
atreverse 감히 -하다, correr 달리다, prometer 약속하다, recorrer 돌아다니다, vender 팔다

※ romper '깨다'도 위와 같은 활용을 하지만, 과거분사가 roto로 불규칙형이다.

vivir 살다 (현재분사 viviendo, 과거분사 vivido)			
직설법		접속법	
현재	현재완료	현재	현재완료
vivo vives vive vivimos vivís viven	he vivido has vivido ha vivido hemos vivido habéis vivido han vivido	viva vivas viva vivamos viváis vivan	haya vivido hayas vivido haya vivido hayamos vivido hayáis vivido hayan vivido
과거	불완료 과거	불완료 과거	
viví viviste vivió vivimos vivisteis vivieron	vivía vivías vivía vivíamos vivíais vivían	viviera vivieras viviera viviéramos vivierais vivieran	viviese vivieses viviese viviésemos vivieseis viviesen
과거완료		과거완료	
había vivido habías vivido había vivido habíamos vivido habíais vivido habían vivido		hubiera vivido hubieras vivido hubiera vivido hubiéramos vivido hubierais vivido hubieran vivido	
미래	가정미래	명령법	
		긍정형	부정형
viviré vivirás vivirá viviremos viviréis vivirán	viviría vivirías viviría viviríamos viviríais vivirían	- vive viva vivamos vivid vivan	- no vivas no viva no vivamos no viváis no vivan

※ 전 시제와 분사형에 있어서 규칙 변화하는 '-ir'형 기본 동사:

añadir 첨가하다, batir 부수다, consistir -로 구성되다, existir 존재하다, partir 출발하다, subir 올라가다

※ abrir '열다'와 escribir '쓰다'도 위와 같은 활용을 하지만, 과거분사가 abierto와 escrito로 불규칙형이다.

agradecer 고마워하다 (현재분사 agradeciendo, 과거분사 agradecido)			
직설법		접속법	
현재	현재완료	현재	현재완료
agradezco agradeces agradece agradecemos agradecéis agradecen	he agradecido has agradecido ha agradecido hemos agradecido habéisagradecido han agradecido	agradezca agradezcas agradezca agradezcamos agradezcáis agradezcan	haya agradecido hayas agradecido haya agradecido hayamos agradecido hayáis agradecido hayan agradecido
과거	불완료 과거	불완료 과거	
agradecí agradeciste agradeció agradecimos agradecisteis agradecieron	agradecía agradecías agradecía agradecíamos agradecíais agradecían	agradeciera agradecieras agradeciera agradeciéramos agradecierais agradecieran	agradeciese agradecieses agradeciese agradeciésemos agradecieseis agradeciesen
과거완료		과거완료	
había agradecido habías agradecido había agradecido habíamos agradecido habíais agradecido habían agradecido		hubiera agradecido hubieras agradecido hubiera agradecido hubiéramos agradecido hubierais agradecido hubieran agradecido	
미래	가정미래	명령법	
		긍정형	부정형
agradeceré agradecerás agradecerá agradeceremos agradeceréis agradecerán	agradecería agradecerías agradecería agradeceríamos agradeceríais agradecerían	- agradece agradezca agradezcamos agradeced agradezcan	- no agradezcas no agradezca no agradezcamos no agradezcáis no agradezcan

※ 직설법 현재 1인칭 단수에서 –c- > -zc- 로 변하는 동사:

conocer 알다, lucir 빛나다, nacer 태어나다, parecer -에게 보이다, permanecer 유지하고 있다

caer 떨어지다 (현재분사 cayendo, 과거분사 caido)			
직설법		접속법	
현재	현재완료	현재	현재완료
caigo	he caído	caiga	haya caído
caes	has caído	caigas	hayas caído
cae	ha caído	caiga	haya caído
caemos	hemos caído	caigamos	hayamos caído
caéis	habéis caído	caigáis	hayáis caído
caen	han caído	caigan	hayan caído
과거	불완료 과거	불완료 과거	
caí	caía	cayera	cayese
caíste	caías	cayeras	cayeses
cayó	caía	cayera	cayese
caímos	caíamos	cayéramos	cayésemos
caísteis	caíais	cayerais	cayeseis
cayeron	caían	cayeran	cayesen
과거완료		과거완료	
había caído		hubiera caído	
habías caído		hubieras caído	
había caído		hubiera caído	
habíamos caído		hubiéramos caído	
habíais caído		hubierais caído	
habían caído		hubieran caído	
미래	가정미래	명령법	
		긍정형	부정형
		-	-
caeré	caería	cae	no caigas
caerás	caerías	caiga	no caiga
caerá	caería	caigamos	no caigamos
caeremos	caeríamos	caed	no caigáis
caeréis	caeríais	caigan	no caigan
caerán	caerían		

※ 모음이 두 개 연이어 나오는 '-er/-ir동사'는 직설법 과거 3인칭 단수에서 '-yó', 3인칭 복수에서 '-yeron'으로 활용한다. 또한 1인칭 복수 및 2인칭 단수와 복수에서 강세 표기도 한다: leer 읽다

※ construir '건설하다'도 위와 같은 활용을 하지만, 1인칭 복수 및 2인칭 복수에서는 강세 표기를 하지 않는다.

coger 잡다 (현재분사 cogiendo, 과거분사 cogido)			
직설법		접속법	
현재	현재완료	현재	현재완료
cojo coges coge cogemos cogéis cogen	he cogido has cogido ha cogido hemos cogido habéis cogido han cogido	coja cojas coja cojamos cojáis cojan	haya cogido hayas cogido haya cogido hayamos cogido hayáis cogido hayan cogido
과거	불완료 과거	불완료 과거	
cogí cogiste cogió cogimos cogisteis cogieron	cogía cogías cogía cogíamos cogíais cogían	cogiera cogieras cogiera cogiéramos cogierais cogieran	cogiese cogieses cogiese cogiésemos cogieseis cogiesen
과거완료		과거완료	
había cogido habías cogido había cogido habíamos cogido habíais cogido habían cogido		hubiera cogido hubieras cogido hubiera cogido hubiéramos cogido hubierais cogido hubieran cogido	
미래	가정미래	명령법	
		긍정형	부정형
cogeré cogerás cogerá cogeremos cogeréis cogerán	cogería cogerías cogería cogeríamos cogeríais cogerían	- coge coja cojamos coged cojan	- no cojas no coja no cojamos no cojáis no cojan

※ 직설법 현재 1인칭 단수에서 g>j 로 변하는 동사: acoger –를 맞아들이다

comenzar 시작하다 (현재분사 comenzando, 과거분사 comenzado)			
직설법		접속법	
현재	현재완료	현재	현재완료
comienzo	he comenzado	comience	haya comenzado
comienzas	has comenzado	comiences	hayas comenzado
comienza	ha comenzado	comience	haya comenzado
comenzamos	hemos comenzado	comencemos	hayamos comenzado
comenzáis	habéis comenzado	comencéis	hayáis comenzado
comienzan	han comenzado	comiencen	hayan comenzado
과거	불완료 과거	불완료 과거	
comencé	comenzaba	comenzara	comenzase
comenzaste	comenzabas	comenzaras	comenzases
comenzó	comenzaba	comenzara	comenzase
comenzamos	comenzábamos	comenzáramos	comenzásemos
comenzasteis	comenzabais	comenzarais	comenzaseis
comenzaron	comenzaban	comenzaran	comenzasen
과거완료		과거완료	
había comenzado		hubiera comenzado	
habías comenzado		hubieras comenzado	
había comenzado		hubiera comenzado	
habíamos comenzado		hubiéramos comenzado	
habíais comenzado		hubierais comenzado	
habían comenzado		hubieran comenzado	
미래	가정미래	명령법	
		긍정형	부정형
comenzaré	comenzaría	-	-
comenzarás	comenzarías	comienza	no comiences
comenzará	comenzaría	comience	no comience
comenzaremos	comenzaríamos	comencemos	no comencemos
comenzaréis	comenzaríais	comenzad	no comencéis
comenzarán	comenzarían	comiencen	no comiencen

※ 직설법 과거 1인칭에서 '-zar'가 '-cé'로 변하는 동사:

caracterizar 특성을 나타내다, utilizar 사용하다

continuar 계속하다 (현재분사 continuando, 과거분사 continuado)			
직설법		접속법	
현재	현재완료	현재	현재완료
continúo continúas continúa continuamos continuáis continúan	he continuado has continuado ha continuado hemos continuado habéis continuado han continuado	continúe continúes continúe continuemos continuéis continúen	haya continuado hayas continuado haya continuado hayamos continuado hayáis continuado hayan continuado
과거	불완료 과거	불완료 과거	
continué continuaste continuó continuamos continuasteis continuaron	continuaba continuabas continuaba continuábamos continuabais continuaban	continuara continuaras continuara continuáramos continuarais continuaran	continuase continuases continuase continuásemos continuaseis continuasen
과거완료		과거완료	
había continuado habías continuado había continuado habíamos continuado habíais continuado habían continuado		hubiera continuado hubieras continuado hubiera continuado hubiéramos continuado hubierais continuado hubieran continuado hubieras continuado	
미래	가정미래	명령법	
		긍정형	부정형
continuaré continuarás continuará continuaremos continuaréis continuarán	continuaría continuarías continuaría continuaríamos continuaríais continuarían	- continúa continúe continuemos continuad continúen	- no continúes no continúe no continuemos no continuéis no continúen

※ 직설법 현재에서 강세가 첨가되는 동사: confiar 신뢰하다, enviar 보내다

<table>
<tr><th colspan="4">dar 주다
(현재분사 dando, 과거분사 dado)</th></tr>
<tr><th colspan="2">직설법</th><th colspan="2">접속법</th></tr>
<tr><th>현재</th><th>현재완료</th><th>현재</th><th>현재완료</th></tr>
<tr><td>doy
das
da
damos
dais
dan</td><td>he dado
has dado
ha dado
hemos dado
habéis dado
han dado</td><td>dé
des
dé
demos
deis
den</td><td>haya dado
hayas dado
haya dado
hayamos dado
hayáis dado
hayan dado</td></tr>
<tr><th>과거</th><th>불완료 과거</th><th colspan="2">불완료 과거</th></tr>
<tr><td>di
diste
dio
dimos
disteis
dieron</td><td>daba
dabas
daba
dábamos
dabais
daban</td><td>diera
dieras
diera
diéramos
dierais
dieran</td><td>diese
dieses
diese
diésemos
dieseis
diesen</td></tr>
<tr><th colspan="2">과거완료</th><th colspan="2">과거완료</th></tr>
<tr><td colspan="2">había dado
habías dado
había dado
habíamos dado
habíais dado
habían dado</td><td colspan="2">hubiera dado
hubieras dado
hubiera dado
hubiéramos dado
hubierais dado
hubieran dado</td></tr>
<tr><th rowspan="2">미래</th><th rowspan="2">가정미래</th><th colspan="2">명령법</th></tr>
<tr><th>긍정형</th><th>부정형</th></tr>
<tr><td>daré
darás
dará
daremos
daréis
darán</td><td>daría
darías
daría
daríamos
daríais
darían</td><td>-
da
dé
demos
dad
den</td><td>-
no des
no dé
no demos
no deis
no den</td></tr>
</table>

decir 말하다
(현재분사 diciendo, 과거분사 dicho)

직설법		접속법	
현재	현재완료	현재	현재완료
digo dices dice decimos decís dicen	he dicho has dicho ha dicho hemos dicho habéis dicho han dicho	diga digas diga digamos digáis digan	haya dicho hayas dicho haya dicho hayamos dicho hayáis dicho hayan dicho
과거	불완료 과거	불완료 과거	
dije dijiste dijo dijimos dijisteis dijeron	decía decías decía decíamos decíais decían	dijera dijeras dijera dijéramos dijerais dijeran	dijese dijeses dijese dijésemos dijeseis dijesen
과거완료		과거완료	
había dicho habías dicho había dicho habíamos dicho habíais dicho habían dicho		hubiera dicho hubieras dicho hubiera dicho hubiéramos dicho hubierais dicho hubieran dicho	
미래	가정미래	명령법	
		긍정형	부정형
diré dirás dirá diremos diréis dirán	diría dirías diría diríamos diríais dirían	- di diga digamos decid digan	- no digas no diga no digamos no digáis no digan

dormir 잠자다 (현재분사 durmiendo, 과거분사 dormido)			
직설법		접속법	
현재	현재완료	현재	현재완료
duermo duermes duerme dormimos dormís duermen	he dormido has dormido ha dormido hemos dormido habéis dormido han dormido	duerma duermas duerma durmamos durmáis duerman	haya dormido hayas dormido haya dormido hayamos dormido hayáis dormido hayan dormido
과거	불완료 과거	불완료 과거	
dormí dormiste durmió dormimos dormisteis durmieron	dormía dormías dormía dormíamos dormíais dormían	durmiera durmieras durmiera durmiéramos durmierais durmieran	durmiese durmieses durmiese durmiésemos durmieseis durmiesen
과거완료		과거완료	
había dormido habías dormido había dormido habíamos dormido habíais dormido habían dormido		hubiera dormido hubieras dormido hubiera dormido hubiéramos dormido hubierais dormido hubieran dormido	
미래	가정미래	명령법	
		긍정형	부정형
dormiré dormirás dormirá dormiremos dormiréis dormirán	dormiría dormirías dormiría dormiríamos dormiríais dormirían	- duerme duerma durmamos dormid duerman	- no duermas no duerma no durmamos no durmáis no duerman

encontrar 찾다 (현재분사 encontrando, 과거분사 encontrado)			
직설법		접속법	
현재	현재완료	현재	현재완료
encuentro encuentras encuentra encontramos encontráis encuentran	he encontrado has encontrado ha encontrado hemos encontrado habéis encontrado han encontrado	encuentre encuentres encuentre encontremos encontréis encuentren	haya encontrado hayas encontrado haya encontrado hayamos encontrado hayáis encontrado hayan encontrado
과거	불완료 과거	불완료 과거	
encontré encontraste encontró encontramos encontrasteis encontraron	encontraba encontrabas encontraba encontrábamos encontrabais encontraban	encontrara encontraras encontrara encontráramos encontrarais encontraran	encontrase encontrases encontrase encontrásemos encontraseis encontrasen
과거완료		과거완료	
había encontrado habías encontrado había encontrado habíamos encontrado habíais encontrado habían encontrado		hubiera encontrado hubieras encontrado hubiera encontrado hubiéramos encontrado hubierais encontrado hubieran encontrado	
미래	가정미래	명령법	
		긍정형	부정형
encontraré encontrarás encontrará encontraremos encontraréis encontrarán	encontraría encontrarías encontraría encontraríamos encontraríais encontrarían	- encuentra encuentre encontremos encontrad encuentren	- no encuentres no encuentre no encontremos no encontréis no encuentren

※ 직설법 현재 모음 불규칙 동사 ('-o-'가 '-ue-'로 변하는 동사):

acordarse 기억하다, acostarse 잠자다, costar 비용이 들다, demostrar 보여주다, doler 아픔을 주다, envolver 포장하다, llover 비가 오다, mostrar 보여주다, mover 움직이다, probar 시도하다, soñar 꿈꾸다, volar 날다, volver 돌리다

<table>
<tr><th colspan="4">estar 있다
(현재분사 estando, 과거분사 estado)</th></tr>
<tr><th colspan="2">직설법</th><th colspan="2">접속법</th></tr>
<tr><th>현재</th><th>현재완료</th><th>현재</th><th>현재완료</th></tr>
<tr><td>estoy
estás
está
estamos
estáis
están</td><td>he estado
has estado
ha estado
hemos estado
habéis estado
han estado</td><td>esté
estés
esté
estemos
estéis
estén</td><td>haya estado
hayas estado
haya estado
hayamos estado
hayáis estado
hayan estado</td></tr>
<tr><th>과거</th><th>불완료 과거</th><th colspan="2">불완료 과거</th></tr>
<tr><td>estuve
estuviste
estuvo
estuvimos
estuvisteis
estuvieron</td><td>estaba
estabas
estaba
estábamos
estabais
estaban</td><td>estuviera
estuvieras
estuviera
estuviéramos
estuvierais
estuvieran</td><td>estuviese
estuvieses
estuviese
estuviésemos
estuvieseis
estuviesen</td></tr>
<tr><th colspan="2">과거완료</th><th colspan="2">과거완료</th></tr>
<tr><td colspan="2">había estado
habías estado
había estado
habíamos estado
habíais estado
habían estado</td><td colspan="2">hubiera estado
hubieras estado
hubiera estado
hubiéramos estado
hubierais estado
hubieran estado</td></tr>
<tr><th rowspan="2">미래</th><th rowspan="2">가정미래</th><th colspan="2">명령법</th></tr>
<tr><th>긍정형</th><th>부정형</th></tr>
<tr><td>estaré
estarás
estará
estaremos
estaréis
estarán</td><td>estaría
estarías
estaría
estaríamos
estaríais
estarían</td><td>-
está
esté
estemos
estad
estén</td><td>-
no estés
no esté
no estemos
no estéis
no estén</td></tr>
</table>

haber 있다 (현재분사 habiendo, 과거분사 habido)			
직설법		접속법	
현재	현재완료	현재	현재완료
he has ha (무인칭: hay) hemos habéis han	he habido has habido ha habido hemos habido habéis habido han habido	haya hayas haya hayamos hayáis hayan	haya habido hayas habido haya habido hayamos habido hayáis habido hayan habido
과거	불완료 과거	불완료 과거	
hube hubiste hubo hubimos hubisteis hubieron	había habías había habíamos habíais habían	hubiera hubieras hubiera hubiéramos hubierais hubieran	hubiese hubieses hubiese hubiésemos hubieseis hubiesen
과거완료		과거완료	
había habido habías habido había habido habíamos habido habíais habido habían habido		hubiera habido hubieras habido hubiera habido hubiéramos habido hubierais habido hubieran habido	
미래	가정미래	명령법	
		긍정형	부정형
habré habrás habrá habremos habréis habrán	habría habrías habría habríamos habríais habrían	- - - - - -	- - - - - -

hacer 하다 (현재분사 haciendo, 과거분사 hecho)			
직설법		접속법	
현재	현재완료	현재	현재완료
hago	he hecho	haga	haya hecho
haces	has hecho	hagas	hayas hecho
hace	ha hecho	haga	haya hecho
hacemos	hemos hecho	hagamos	hayamos hecho
hacéis	habéis hecho	hagáis	hayáis hecho
hacen	han hecho	hagan	hayan hecho
과거	불완료 과거	불완료 과거	
hice	hacía	hiciera	hiciese
hiciste	hacías	hicieras	hicieses
hizo	hacía	hiciera	hiciese
hicimos	hacíamos	hiciéramos	hiciésemos
hicisteis	hacíais	hicierais	hicieseis
hicieron	hacían	hicieran	hiciesen
과거완료		과거완료	
había hecho		hubiera hecho	
habías hecho		hubieras hecho	
había hecho		hubiera hecho	
habíamos hecho		hubiéramos hecho	
habíais hecho		hubierais hecho	
habían hecho		hubieran hecho	
미래	가정미래	명령법	
		긍정형	부정형
haré	haría	-	-
harás	harías	haz	no hagas
hará	haría	haga	no haga
haremos	haríamos	hagamos	no hagamos
haréis	haríais	haced	no hagáis
harán	harían	hagan	no hagan

ir 가다
(현재분사 yendo, 과거분사 ido)

직설법		접속법	
현재	현재완료	현재	현재완료
voy vas va vamos vais van	he ido has ido ha ido hemos ido habéis ido han ido	vaya vayas vaya vayamos vayáis vayan	haya ido hayas ido haya ido hayamos ido hayáis ido hayan ido
과거	불완료 과거	불완료 과거	
fui fuiste fue fuimos fuisteis fueron	iba ibas iba íbamos ibais iban	fuera fueras fuera fuéramos fuerais fueran	fuese fueses fuese fuésemos fueseis fuesen
과거완료		과거완료	
había ido habías ido había ido habíamos ido habíais ido habían ido		hubiera ido hubieras ido hubiera ido hubiéramos ido hubierais ido hubieran ido	
미래	가정미래	명령법	
		긍정형	부정형
iré irás irá iremos iréis irán	iría irías iría iríamos iríais irían	- ve vaya vayamos id vayan	- no vayas no vaya no vayamos no vayáis no vayan

morir 죽다 (현재분사 muriendo, 과거분사 muerto)			
직설법		접속법	
현재	현재완료	현재	현재완료
muero mueres muere morimos morís mueren	he muerto has muerto ha muerto hemos muerto habéis muerto han muerto	muera mueras muera muramos muráis mueran	haya muerto hayas muerto haya muerto hayamos muerto hayáis muerto hayan muerto
과거	불완료 과거	불완료 과거	
morí moriste murió morimos moristeis murieron	moría morías moría moríamos moríais morían	muriera murieras muriera muriéramos murierais murieran	muriese murieses muriese muriésemos murieseis muriesen
과거완료		과거완료	
había muerto habías muerto había muerto habíamos muerto habíais muerto habían muerto		hubiera muerto hubieras muerto hubiera muerto hubiéramos muerto hubierais muerto hubieran muerto	
미래	가정미래	명령법	
		긍정형	부정형
moriré morirás morirá moriremos moriréis morirán	moriría morirías moriría moriríamos moriríais morirían	- muere muera muramos morid mueran	- no mueras no muera no muramos no muráis no mueran

pagar 지불하다 (현재분사 pagando, 과거분사 pagado)			
직설법		접속법	
현재	현재완료	현재	현재완료
pago pagas paga pagamos pagáis pagan	he pagado has pagado ha pagado hemos pagado habéis pagado han pagado	pague pagues pague paguemos paguéis paguen	haya pagado hayas pagado haya pagado hayamos pagado hayáis pagado hayan pagado
과거	불완료 과거	불완료 과거	
pagué pagaste pagó pagamos pagasteis pagaron	pagaba pagabas pagaba pagábamos pagabais pagaban	pagara pagaras pagara pagáramos pagarais pagaran	pagase pagases pagase pagásemos pagaseis pagasen
과거완료		과거완료	
había pagado habías pagado había pagado habíamos pagado habíais pagado habían pagado		hubiera pagado hubieras pagado hubiera pagado hubiéramos pagado hubierais pagado hubieran pagado	
미래	가정미래	명령법	
		긍정형	부정형
pagaré pagarás pagará pagaremos pagaréis pagarán	pagaría pagarías pagaría pagaríamos pagaríais pagarían	- paga pague paguemos pagad paguen	- no pagues no pague no paguemos no paguéis no paguen

※ 직설법 과거에서 '-gar'가 '-gué'로 변하는 동사:

agregar 첨가하다, jugar 놀이하다, llegar 도착하다

pedir 요청하다 (현재분사 pidiendo, 과거분사 pedido)			
직설법		접속법	
현재	현재완료	현재	현재완료
pido pides pide pedimos pedís piden	he pedido has pedido ha pedido hemos pedido habéis pedido han pedido	pida pidas pida pidamos pidáis pidan	haya pedido hayas pedido haya pedido hayamos pedido hayáis pedido hayan pedido
과거	불완료 과거	불완료 과거	
pedí pediste pidió pedimos pedisteis pidieron	pedía pedías pedía pedíamos pedíais pedían	pidiera pidieras pidiera pidiéramos pidierais pidieran	pidiese pidieses pidiese pidiésemos pidieseis pidiesen
과거완료		과거완료	
había pedido habías pedido había pedido habíamos pedido habíais pedido habían pedido		hubiera pedido hubieras pedido hubiera pedido hubiéramos pedido hubierais pedido hubieran pedido	
미래	가정미래	명령법	
		긍정형	부정형
pediré pedirás pedirá pediremos pediréis pedirán	pediría pedirías pediría pediríamos pediríais pedirían	- pide pida pidamos pedid pidan	- no pidas no pida no pidamos no pidáis no pidan

※ 직설법 과거 3인칭 단수와 복수에서 '-e-'가 '-i-'로 변하는 동사:

conseguir 얻다, despedir 작별하다, divertirse 즐기다, seguir 따라가다, sentir 느끼다, vestirse 옷입다

poner 놓다 (현재분사 poniendo, 과거분사 puesto)			
직설법		접속법	
현재	현재완료	현재	현재완료
pongo pones pone ponemos ponéis ponen	he puesto has puesto ha puesto hemos puesto habéis puesto han puesto	ponga pongas ponga pongamos pongáis pongan	haya puesto hayas puesto haya puesto hayamos puesto hayáis puesto hayan puesto
과거	불완료 과거	불완료 과거	
puse pusiste puso pusimos pusisteis pusieron	ponía ponías ponía poníamos poníais ponían	pusiera pusieras pusiera pusiéramos pusierais pusieran	pusiese pusieses pusiese pusiésemos pusieseis pusiesen
과거완료		과거완료	
había puesto habías puesto había puesto habíamos puesto habíais puesto habían puesto		hubiera puesto hubieras puesto hubiera puesto hubiéramos puesto hubierais puesto hubieran puesto	
미래	가정미래	명령법	
		긍정형	부정형
pondré pondrás pondrá pondremos pondréis pondrán	pondría pondrías pondría pondríamos pondríais pondrían	- pon ponga pongamos poned pongan	- no pongas no ponga no pongamos no pongáis no pongan

※ 직설법 현재 1인칭 단수에서 -go 로 변하는 동사:

salir 나가다, tener 소유하다, venir 오다

querer 원하다 (현재분사 queriendo, 과거분사 querido)			
직설법		접속법	
현재	현재완료	현재	현재완료
quiero	he querido	quiera	haya querido
quieres	has querido	quieras	hayas querido
quiere	ha querido	quiera	haya querido
queremos	hemos querido	queramos	hayamos querido
queréis	habéis querido	queráis	hayáis querido
quieren	han querido	quieran	hayan querido
과거	불완료 과거	불완료 과거	
quise	quería	quisiera	quisiese
quisiste	querías	quisieras	quisieses
quiso	quería	quisiera	quisiese
quisimos	queríamos	quisiéramos	quisiésemos
quisisteis	queríais	quisierais	quisieseis
quisieron	querían	quisieran	quisiesen
과거완료		과거완료	
había querido		hubiera querido	
habías querido		hubieras querido	
había querido		hubiera querido	
habíamos querido		hubiéramos querido	
habíais querido		hubierais querido	
habían querido		hubieran querido	
미래	가정미래	명령법	
		긍정형	부정형
querré	querría	-	-
querrás	querrías	quiere	no quieras
querrá	querría	quiera	no quiera
querremos	querríamos	queramos	no queramos
querréis	querríais	quered	no queráis
querrán	querrían	quieran	no quieran

reir 웃다
(현재분사 riendo, 과거분사 reido)

직설법		접속법	
현재	현재완료	현재	현재완료
río	he reído	ría	haya reído
ríes	has reído	rías	hayas reído
ríe	ha reído	ría	haya reído
reímos	hemos reído	riamos	hayamos reído
reís	habéis reído	riáis	hayáis reído
ríen	han reído	rían	hayan reído
과거	불완료 과거	불완료 과거	
reí	reía	riera	riese
reíste	reías	rieras	rieses
rió	reía	riera	riese
reímos	reíamos	riéramos	riésemos
reísteis	reíais	rierais	rieseis
rieron	reían	rieran	riesen
과거완료		과거완료	
había reído		hubiera reído	
habías reído		hubieras reído	
había reído		hubiera reído	
habíamos reído		hubiéramos reído	
habíais reído		hubierais reído	
habían reído		hubieran reído	
미래	가정미래	명령법	
		긍정형	부정형
reiré	reiría	-	-
reirás	reirías	ríe	no rías
reirá	reiría	ría	no ría
reiremos	reiríamos	riamos	no riamos
reiréis	reiríais	reíd	no riáis, riais
reirán	reirían	rían	no rían

saber 알다 (현재분사 sabiendo, 과거분사 sabido)			
직설법		**접속법**	
현재	**현재완료**	**현재**	**현재완료**
sé sabes sabe sabemos sabéis saben	he sabido has sabido ha sabido hemos sabido habéis sabido han sabido	sepa sepas sepa sepamos sepáis sepan	haya sabido hayas sabido haya sabido hayamos sabido hayáis sabido hayan sabido
과거	**불완료 과거**	**불완료 과거**	
supe supiste supo supimos supisteis supieron	sabía sabías sabía sabíamos sabíais sabían	supiera supieras supiera supiéramos supierais supieran	supiese supieses supiese supiésemos supieseis supiesen
과거완료		**과거완료**	
había sabido habías sabido había sabido habíamos sabido habíais sabido habían sabido		hubiera sabido hubieras sabido hubiera sabido hubiéramos sabido hubierais sabido hubieran sabido	
미래	**가정미래**	**명령법**	
		긍정형	**부정형**
sabré sabrás sabrá sabremos sabréis sabrán	sabría sabrías sabría sabríamos sabríais sabrían	- sabe sepa sepamos sabed sepan	- no sepas no sepa no sepamos no sepáis no sepan

sentar 앉히다 (현재분사 sentando, 과거분사 sentado)			
직설법		접속법	
현재	현재완료	현재	현재완료
siento sientas sienta sentamos sentáis sientan	he sentado has sentado ha sentado hemos sentado habéis sentado han sentado	siente sientes siente sentemos sentéis sienten	haya sentado hayas sentado haya sentado hayamos sentado hayáis sentado hayan sentado
과거	불완료 과거	불완료 과거	
senté sentaste sentó sentamos sentasteis sentaron	sentaba sentabas sentaba sentábamos sentabais sentaban	sentara sentaras sentara sentáramos sentarais sentaran	sentase sentases sentase sentásemos sentaseis sentasen
과거완료		과거완료	
había sentado habías sentado había sentado habíamos sentado habíais sentado habían sentado		hubiera sentado hubieras sentado hubiera sentado hubiéramos sentado hubierais sentado hubieran sentado	
미래	가정미래	명령법	
		긍정형	부정형
sentaré sentarás sentará sentaremos sentaréis sentarán	sentaría sentarías sentaría sentaríamos sentaríais sentarían	- sienta siente sentemos sentad sienten	- no sientes no siente no sentemos no sentéis no sienten

※ 직설법 현재 모음 불규칙 동사 ('-e-'가 '-ie-'로 변하는 동사):

calentar 데우다, despertarse (잠에서) 깨다, empezar 시작하다, preferir 선호하다

ser -이다 (현재분사 siendo, 과거분사 sido)			
직설법		접속법	
현재	현재완료	현재	현재완료
soy eres es somos sois son	he sido has sido ha sido hemos sido habéis sido han sido	sea seas sea seamos seáis sean	haya sido hayas sido haya sido hayamos sido hayáis sido hayan sido
과거	불완료 과거	불완료 과거	
fui fuiste fue fuimos fuisteis fueron	era eras era éramos erais eran	fuera fueras fuera fuéramos fuerais fueran	fuese fueses fuese fuésemos fueseis fuesen
과거완료		과거완료	
había sido habías sido había sido habíamos sido habíais sido habían sido		hubiera sido hubieras sido hubiera sido hubiéramos sido hubierais sido hubieran sido	
미래	가정미래	명령법	
		긍정형	부정형
seré serás será seremos seréis serán	sería serías sería seríamos seríais serían	- sé sea seamos sed sean	- no seas no sea no seamos no seáis no sean

significar (현재분사 significando, 과거분사 significado)			
직설법		접속법	
현재	현재완료	현재	현재완료
significo significas significa significamos significáis significan	he significado has significado ha significado hemos significado habéis significado han significado	signifique signifiques signifique signifiquemos signifiquéis signifiquen	haya significado hayas significado haya significado hayamos significado hayáis significado hayan significado
과거	불완료 과거	불완료 과거	
signifiqué significaste significó significamos significasteis significaron	significaba significabas significaba significábamos significabais significaban	significara significaras significara significáramos significarais significaran	significase significases significase significásemos significaseis significasen
과거완료		과거완료	
había significado habías significado había significado habíamos significado habíais significado habían significado		hubiera significado hubieras significado hubiera significado hubiéramos significado hubierais significado hubieran significado	
미래	가정미래	명령법	
		긍정형	부정형
significaré significarás significará significaremos significaréis significarán	significaría significarías significaría significaríamos significaríais significarían	- significa signifique signifiquemos significad signifiquen	- no signifiques no signifique no signifiquemos no signifiquéis no signifiquen

※ 직설법 과거에서 '-car'가 '-qué-'로 변하는 동사:

acercarse 접근하다, buscar 찾다, colocar 두다, dedicar 바치다, empacar 짐을 싸다, marcar 표시하다, platicar 이야기하다

tener 소유하다 (현재분사 teniendo, 과거분사 tenido)			
직설법		접속법	
현재	현재완료	현재	현재완료
tengo tienes tiene tenemos tenéis tienen	he tenido has tenido ha tenido hemos tenido habéis tenido han tenido	tenga tengas tenga tengamos tengáis tengan	haya tenido hayas tenido haya tenido hayamos tenido hayáis tenido hayan tenido
과거	불완료 과거	불완료 과거	
tuve tuviste tuvo tuvimos tuvisteis tuvieron	tenía tenías tenía teníamos teníais tenían	tuviera tuvieras tuviera tuviéramos tuvierais tuvieran	tuviese tuvieses tuviese tuviésemos tuvieseis tuviesen
과거완료		과거완료	
había tenido habías tenido había tenido habíamos tenido habíais tenido habían tenido		hubiera tenido hubieras tenido hubiera tenido hubiéramos tenido hubierais tenido hubieran tenido	
미래	가정미래	명령법	
		긍정형	부정형
tendré tendrás tendrá tendremos tendréis tendrán	tendría tendrías tendría tendríamos tendríais tendrían	- ten tenga tengamos tened tengan	- no tengas no tenga no tengamos no tengáis no tengan

traer 가져오다 (현재분사 trayendo, 과거분사 traído)			
직설법		**접속법**	
현재	**현재완료**	**현재**	**현재완료**
traigo traes trae traemos traéis traen	he traído has traído ha traído hemos traído habéis traído han traído	traiga traigas traiga traigamos traigáis traigan	haya traído hayas traído haya traído hayamos traído hayáis traído hayan traído
과거	**불완료 과거**	**불완료 과거**	
traje trajiste trajo trajimos trajisteis trajeron	traía traías traía traíamos traíais traían	trajera trajeras trajera trajéramos trajerais trajeran	trajese trajeses trajese trajésemos trajeseis trajesen
과거완료		**과거완료**	
había traído habías traído había traído habíamos traído habíais traído habían traído		hubiera traído hubieras traído hubiera traído hubiéramos traído hubierais traído hubieran traído	
미래	**가정미래**	**명령법**	
		긍정형	**부정형**
traeré traerás traerá traeremos traeréis traerán	traería traerías traería traeríamos traeríais traerían	- trae traiga traigamos traed traigan	- no traigas no traiga no traigamos no traigáis no traigan

ver 보다 (현재분사 viendo, 과거분사 visto)			
직설법		접속법	
현재	현재완료	현재	현재완료
veo ves ve vemos veis ven	he visto has visto ha visto hemos visto habéis visto han visto	vea veas vea veamos veáis vean	haya visto hayas visto haya visto hayamos visto hayáis visto hayan visto
과거	불완료 과거	불완료 과거	
vi viste vio vimos visteis vieron	veía veías veía veíamos veíais veían	viera vieras viera viéramos vierais vieran	viese vieses viese viésemos vieseis viesen
과거완료		과거완료	
había visto habías visto había visto habíamos visto habíais visto habían visto		hubiera visto hubieras visto hubiera visto hubiéramos visto hubierais visto hubieran visto	
미래	가정미래	명령법	
		긍정형	부정형
veré verás verá veremos veréis verán	vería verías vería veríamos veríais verían	- ve vea veamos ved vean	- no veas no vea no veamos no veáis no vean

출처

PARTE I

LECCIÓN 05

p68 http://en.wikipedia.org/wiki/El_Rastro#mediaviewer/File:Rastro_de_Madrid_(Espa%C3%B1a)_7.jpg

LECCIÓN 06

p72 http://es.wikipedia.org/wiki/Mercado_de_San_Miguel#mediaviewer/Archivo:Mercado_de_San_Miguel_(Madrid)_05.jpg

LECCIÓN 07

p81 http://commons.wikimedia.org/wiki/File:Tortilla-de-patatas.jpg

LECCIÓN 08

p95 http://ccaa.elpais.com/ccaa/2013/08/09/madrid/1376046487_523924.html

LECCIÓN 10

p120 http://en.wikipedia.org/wiki/Museo_del_Prado#mediaviewer/File:Museo_del_Prado_(Madrid)_04.jpg

p124 프라도 박물관 : http://terms.naver.com/entry.nhn?docId=1159223&cid=40942&categoryId=33132

레이나 소피아 국립미술관 : http://terms.naver.com/entry.nhn?docId=1279703&cid=40942&categoryId=40251

빌바오 구겐하임 : http://ko.wikipedia.org/wiki/%EB%B9%8C%EB%B0%94%EC%98%A4_%EA%B5%AC%EA%B2%90%ED%95%98%EC%9E%84_%EB%AF%B8%EC%88%A0%EA%B4%80

LECCIÓN 11

p131 http://www.gronze.com/introduccion-al-camino-de-santiago/la-credencial-del-camino-de-santiago-y-la-compostela

p135 http://www.spanishintour.com/blog/wp-content/uploads/2012/03/Mapa_caminos_santiago.gif

PARTE II

LECCIÓN 01

p151 https://www.google.co.kr/search?q=aspirar&newwindow=1&biw=1218&bih=655&tbm=isch&tbo=u&source=univ&sa=X&ei=V4IJVd_tPKW1mwX914DoAg&ved=0CC0QsAQ#newwindow=1&tbm=isch&q=+taxi+autorizado+en+el+aeropuerto+mexico&imgdii=_&imgrc=XsQjAGuEQy5UbM%253A%3BTOe5m333_fR0fM%3Bhttp%253A%252F%252Fportal.pulsopolitico.com.mx%252Fwp-content%252Fuploads%252F2010%252F04%252F02031.jpg%3Bhttp%253A%252F%252Fhpblusukan32.hol.es%252Fterminales%252Fterminales-centrales-de-autobuses-en-la-ciudad-de-mxico.html%3B450%3B200

LECCIÓN 02

p161 왼쪽 : http://commons.wikimedia.org/wiki/File:Homenaje_a_Frida_Kahlo.jpg

오른쪽: http://en.wikipedia.org/wiki/Frida_Kahlo#mediaviewer/File:The_Blue_House_7.jpg

p169 프라다 칼로: http://blog.naver.com/safflower13/60007688275

카뜨리나 : http://en.wikipedia.org/wiki/La_Calavera_Catrina

LECCIÓN 03

p176 http://pl.wikipedia.org/wiki/Z%C3%B3calo

LECCIÓN 06

p205 http://es.wikipedia.org/wiki/Canc%C3%BAn#mediaviewer/File:Collage_Cancun.jpg
p212 http://upload.wikimedia.org/wikipedia/commons/d/d6/Agave_fields_hill.jpg
p213 http://www.tramz.com/mx/yu/yu50.html

LECCIÓN 07

p217 http://en.wikipedia.org/wiki/Juan_Valdez_Caf%C3%A9#mediaviewer/File:BOG_04_2012_Juan_Valdez_1334.JPG
보떼로 박물관 : https://www.google.co.kr/search?q=museo+de+botero&newwindow=1&biw=1280&bih=63
p225 http://knowyourgrinder.com/best-coffee-beans-in-the-world-part-one/
p226 아레빠 : http://upload.wikimedia.org/wikipedia/commons/b/b7/Arepa_asada.JPG
보떼로 박물관 : http://en.wikipedia.org/wiki/Fernando_Botero#mediaviewer/File:Plaza_botero.jpg

LECCIÓN 08

p229 http://en.wikipedia.org/wiki/Cusco#mediaviewer/File:Cuscoinfobox.png
p237 세비체 : http://en.wikipedia.org/wiki/Ceviche#mediaviewer/File:Ceviche_del_Per%C3%BA.jpg
삐스코 : http://en.wikipedia.org/wiki/Pisco#mediaviewer/File:Pisco_peru.jpg
p238 꾸스꼬 : http://www.caminoincamachupicchu.com/images/mapa_caminoincab.gif
나스까 : http://commons.wikimedia.org/wiki/File:Nazca_monkey.jpg
산 블라스 광장 : http://www.enperu.org/barrio-san-blas-plaza-de-armas-cerca-al-centro-de-cusco-hoteles-en-san-blas.html

LECCIÓN 09

p241 http://cairoviagens.blogspot.kr/
p245 http://upload.wikimedia.org/wikipedia/commons/8/8e/La_Sebastiana.PNG
p249 www.thirtyfifty.co.uk/images/world-wine0map.gif

LECCIÓN 10

p253 http://en.wikipedia.org/wiki/Plaza_de_Mayo#mediaviewer/File:Plaza_de_Mayo_en_Primavera.jpg
p255 http://en.wikipedia.org/wiki/Tango#mediaviewer/File:Camanita_Tango_06_(3395529946).jpg
p261 위 : http://www.comodoro.gov.ar/efemerides/?p=7882
아래 : http://commons.wikimedia.org/wiki/File:Preparing_the_Asado.jpg

LECCIÓN 11

p265 http://www.mochileiros.com/do-rs-a-ushuaia-2013-2014-t87907.html
p267 http://en.wikipedia.org/wiki/Ushuaia#mediaviewer/File:Cruzada_en_La_Macarena.jpg
p272 위 : http://es.wikipedia.org/wiki/Ushuaia#mediaviewer/File:UshuaiaFinDelMundo.jpg
아래: http://en.wikipedia.org/wiki/Ushuaia#mediaviewer/File:Ushuaia_Montage.png

LECCIÓN 12

p281 위 : http://www.issuemaker.kr/news/view.html?section=104&category=151&no=2076
아래 : http://www.amazon.com/El-Fin-Del-Viaje-Spanish/dp/843220398X

스페인과 라틴아메리카를 넘나드는

글로벌 스페인어

초판 1쇄 발행 2015년 3월 30일
초판 2쇄 발행 2018년 3월 5일
초판 3쇄 발행 2019년 11월 1일

집필진 김경희 · 최윤국 · 변선희 · 고슬기
Adriana Martínez

발행인 김인철
총괄 · 기획 가정준 Director, University Knowledge Press
편집장 신선호 Executive Knowledge Contents Creator
기획 · 물류 이현진 Planning Expert
사전 · 도서편집 정준희 Contents Creator
전자책 · 도서편집 장혜린 Contents Creator
도서편집 이병철 Contents Creator
이근영 Contents Creator
재무관리 강현주 Managing Creator
발행처 한국외국어대학교 지식출판콘텐츠원
02450 서울특별시 동대문구 이문로 107
전화 02)2173-2495~7
팩스 02)2173-3363
홈페이지 http://press.hufs.ac.kr
전자우편 press@hufs.ac.kr
출판등록 제6-6호(1969. 4. 30)
디자인 · 편집 디자인 퍼브 02)2254-4308
인쇄 · 제본 네오프린텍(주) 02)718-3111

ISBN 978-89-7464-983-8 13770 정가 25,000원

*잘못된 책은 교환하여 드립니다.

HUINE은 한국외국어대학교 지식출판콘텐츠원의 어학도서, 사회과학도서, 지역학 도서 Sub Brand이다. 한국외대의 영문명인 HUFS, 현명한 국제전문가 양성(International+Intelligent)의 의미를 담고 있으며, 휴인(携引)의 뜻인 '이끌다, 끌고 나가다'라는 의미처럼 출판계를 이끄는 리더로서, 혁신의 이미지를 담고 있다.

이 책의 음원(mp3)은 한국외국어대학교 지식출판콘텐츠원 홈페이지(press.hufs.ac.kr) – 게시판 – 자료실에서 다운받아 사용하시기 바랍니다.